무의식이란
무엇인가

Carl Gustav Jung, *Collected papers On Analytical psychology*, 1920.

무의식이란 무엇인가

칼 G. 융 지음

김성환 옮김

연암서가

옮긴이 **김성환**

1980년 서울 출생. 연세대학교에서 건축학을 전공했다. 현재는 번역가로 활동하며 글을 쓰고 있다. 지은 책으로는 『감정들: 자기 관찰을 통한 내면 읽기』가 있으며, 번역한 책으로는 『모나리자를 사랑한 프로이트』, 『자비심 일깨우기』, 『지친 당신을 위한 인생 매뉴얼』 등이 있다.

무의식이란 무엇인가

2016년 11월 10일 초판 1쇄 인쇄
2019년 2월 15일 초판 1쇄 발행

지은이 | 칼 G. 융
옮긴이 | 김성환
펴낸이 | 권오상
펴낸곳 | 연암서가
등 록 | 2007년 10월 8일(제396-2007-00107호)
주 소 | 경기도 고양시 일산서구 호수로 896, 402-1101
전 화 | 031-907-3010
팩 스 | 031-912-3012
이메일 | yeonamseoga@naver.com
ISBN 978-89-94054-99-5 03110

값 15,000원

옮긴이의 말

이 책의 저자인 칼 구스타브 융은 한때 프로이트의 이론을 적극적으로 옹호한 정신분석학자였다. 그는 프로이트의 사상에서 '인간 영혼을 이해하도록 해주는 새로운 심리학'을 발견하고는 정신분석 운동의 열렬한 지지자 역할을 자처한 바 있다. 융은 탁월한 지성과 열정으로 이 새로운 운동을 이끌었으며, 정신분석을 해외로 전파하는 데도 주도적 역할을 담당했다. 융 특유의 웅변적이고 강렬한 어조는 이 새로운 운동에 생명력과 활기를 불어넣어 주었고, 그의 섬세하고 치밀한 비판 정신은 정신분석에 대한 반대 의견을 효과적으로 물리쳐주었다. 그는 프로이트의 표현대로 '정신분석의 황태자' 그 자체였다.

하지만 융은 결코 이 자리에 안주하지 않았다. 그는 모든 것을 표면적 인과관계로 축소시키는 프로이트의 유물론과 성욕 중심설에

이의를 제기하면서 프로이트와 점차 거리를 두기 시작했다. 융은 성욕이란 의미로 한정되어 있던 리비도 개념을 보편적인 정신 에너지 개념으로 확장하면서 자신만의 고유한 이론 체계를 서서히 구축해 나갔고, 프로이트와 완전히 결별한 뒤에는 억압된 욕망으로서의 무의식 배후에 인류의 공통적인 집단무의식이 있다는 사실을 밝힘으로써 인간 이해의 지평을 큰 폭으로 넓혀주었다.

이 책은 저자가 프로이트에서 독립하면서 자신만의 사상을 싹틔우기 시작한 바로 그 시기에 쓴 글들을 모아놓은 책이다. 안정적인 집단에서 떨어져 나와 자신만의 방향을 모색하던 시기에 쓴 글인 만큼, 이 책에 실린 글들에는 과도기적 성격이 강하게 나타나 있다. 대부분의 글이 프로이트의 이론을 자신만의 관점으로 요약, 비판한 뒤 대안을 제시하는 식으로 전개된다. 하지만 그렇다고 해서 이 글들을 단순한 연결고리 정도로 보아서는 안 된다. 이 글들에는 이미 융 심리학의 씨앗이 거의 다 담겨 있다고 해도 과언이 아니다. 그중에서도 특히 1부 「무의식 과정의 심리학」은 융 심리학 전체를 한눈에 조망해볼 수 있도록 해주는 글로, 입문용으로 가장 먼저 권장되는 글 중 하나이다. 이 글은 융 사상의 핵심이 고도로 압축되어 있는 뛰어난 글이기 때문에, 비슷한 시기에 쓰인 「자아와 무의식의 관계」(기본 저작집 3권에 수록)와 함께 가장 근본적인 것으로 간주되곤 한다.

그렇지만 먼저 읽은 독자들이 공언하듯, 「무의식 과정의 심리학」은 결코 읽기 쉬운 글이 아니다. 풍부하고 생소한 내용이 매우 축약적인 형태로 제시되어 있기 때문이다. 저자 스스로도 "짧은 지면에

많은 내용을 담아내려다 보니 글이 다소 난해해진 감이 있다"고 고백한 바 있다. 그러므로 본문으로 들어가기 전에 전체 내용을 간단히 개관해보는 것도 나쁘지 않을 것이다. 내용의 흐름을 대강이라도 파악하고 넘어간다면, 아마도 글을 이해하기가 한결 수월해질 것이다. 이 글의 개요는 다음과 같다.

먼저 1부 「무의식 과정의 심리학」은 정신분석의 기원과 수용 과정에 대해 설명하는 1장으로 시작한다. 정신분석이 병적 심리 상태를 이해할 수 있도록 해준 최초의 이론임에도 오해와 편견으로 인해 무시당해 왔다는 사실을 언급한 뒤, 실제 사례를 들어가면서 정신분석의 이론을 개관한다. 가장 먼저 소개되는 것은 '외상 이론'이다. 외상 이론이란 과거의 충격적 경험이 유사한 상황에서 되풀이되면서 병을 일으킨다는 심리 이론인데, 아주 근본적인 것은 못 된다고 한다. 충격적 경험을 조사해보면 그 저변부에서 어린 시절의 성적 갈등이 발견되기 때문이다. 그래서 나온 것이 성 이론이다.

2장에서 소개되는 성 이론은 한마디로 제대로 처리되지 못한 성욕이 병을 일으킨다는 이론이다. "한편으로는 자기 자신을 억압하면서, 다른 한편으로는 자기 자신을 해방시키고자 노력하는데" 이것이 병을 일으킨다고 한다. 이런 내적 갈등을 해결하려면 의식적 태도와 본능적 욕구 간의 괴리를 해소해야 하는데, 여기에 동원되는 것이 바로 꿈의 해석이다. 꿈의 해석을 통해 무의식의 내용을 밝혀내면 의식과 무의식 간의 분리가 해소되어 병이 치유된다고한다. '증상은 무의식적 욕망이 새어나온 결과'이므로 그 욕망만 통합하면 증상도 사라진다는 것이다.

이어지는 3장에서는 성 이론과 완전히 반대되는 아들러의 관점을 제시한다. 아들러는 권력의지라는 자아 본능을 근본적인 것으로 가정한 뒤 이 본능의 관점에서 모든 현상을 설명해낸다. 권력의지, 즉 권력욕이 현실에 의해 방해받을 때 신경증이 발생한다고 보는 것이다. 하지만 이런 관점은 성 이론과 마찬가지로 일방적일 뿐만 아니라 해롭기까지 하다. 저자는 니체가 '초인'의 이상을 실현하기 위해 권력의지에 자신을 내맡겼다가 '몸보다 먼저 죽은 자'가 되어버렸다고 지적하면서 이런 관점의 문제점을 드러내 보인다.

4장에서는 지금까지 살펴본 두 이론을 비판적으로 검토하면서 대안을 제시한다. 저자는 먼저 인간의 성격을 외향형과 내향형으로 구분한 뒤, 분석을 받는 개인의 성향에 맞게 각각의 이론을 적용해야 한다는 점을 밝힌다. 그런 뒤 프로이트의 성 이론과 아들러의 권력 이론 모두 해로운 측면을 파괴하기 위한 '부식제'로는 유용하지만, 잘못 사용하면 그 중심에 놓인 생명까지 파괴할 수 있다는 점을 지적한다. 병적 증상을 없애는 데만 초점을 맞추지 말고 그 병에 담긴 의미를 이해해야 한다는 것이다. 저자는 신경증 증상이 더 의미 있는 삶으로의 이행을 촉구하는 생명의 호소일 수도 있다고 주장하면서, 그것을 무작정 '파괴'하려 드는 태도에 경종을 울린다.

5장에서는 분석 작업을 통해 병적 형태에서 풀려난 에너지가 어떤 경로를 거치는지 밝힌다. 널리 알려진 바대로, 증상에서 해방된 에너지는 먼저 의사에게 '전이'되어 의사를 아버지나 보호자의 대리인처럼 만들어놓는다. 하지만 이 전이마저 해소하고 나면 에너지가 더 깊숙이 침잠하여 신이나 악마, 구세주 같은 집단적 상을 끌어올린다고 한다. 저자는 이 상을 밖에 있는 사람에게 덧씌우거나 스스로 삼켜버리면 심각한 문제를 일으킬 수 있으므로 개인적 무의식과 비개인적 무의식을 구분해내야 한다고 강조한다.

6장에서는 집단 무의식의 상을 활용해 정신의 균형을 잡아 나아가는 '초월적 기능'에 대해 설명한다. 저자는 자신이 치료한 여자 환자의 사례를 들어가면서 프로이트식 해석의 한계를 드러낸 뒤, 정신의 균형을 잡아주는 '종합'이 어떤 식으로 진행되는지 상세히 밝혀낸다. 저자에 의하면, 심리적 불균형이나 질병 등은 삶의 비합리적 측면들을 지나치게 무시하고 억압했기 때문에 발생한 것이라고 한다. 이런 측면들을 직시할 경우, 병은 사라지고 균형은 회복된다고 한다.

7장은 자기 자신의 성향을 제대로 의식 못하면 그 성향을 다른 사람에게 뒤집어씌우게 된다(투사)는 설명으로 시작한다. 그런 뒤 신이나 악마 같은 집단 무의식의 투사물들을 '미신'으로 간주하여 억압했기 때문에 비합리성의 광기(전쟁)가 터져나온 것이라는 설명을 제시한다. 강력한 심상들을 비합리적이라는 이유로 억압하면 무의식이 무지막지하게 강화되어 의식에 파괴적인 영향력을 행사하게 된다는 것이다. 저자는 감당하기 힘든 이 심상들을 억압하지 말고 '집단 무의식의 투사'로 명백히 인식해내야 한다고 주장한다.

8장에서는 인격 유형에 따라 원형적 심상을 대하는 태도가 달라진다는 점을 설명한다. 즉, 내향적인 사람은 심상에서 의미와 원리를 이끌어내려 하지만, 외향적인 사람은 그 심상을 외부의 객관적 현실에 대응시키려 한다는 것이다. 하지만 이 두 유형의 인격은 결국 반대 성향의 인격을 통합하는 방향으로 발달되어나가므로, 인격을 훌륭하게 하려면 반대되는 유형의 성향을 계발하여 한쪽으로 치우친 태도를 보완해야 한다고 강조한다.

마지막으로 9장에서는 무의식이 위험한 것만은 아니라는 점을 지적한다. 저자는 의식화된 무의식이 뛰어난 지혜와 영감을 제공해주므로, 적극적으로 무의식을 대면할 필요가 있다고 강조한다. 무의식은 그것을 의식하지 못하는 한에서만 위험의 원천으로 작용한다는 것이다.

이상이 「무의식 과정의 심리학」의 가장 기본적인 뼈대이다. 이 정도의 내용만 훑어봐도 심리 유형론과 상징 해석, 집단 무의식의 원형 등과 같은 후기 개념들의 싹을 발견할 수 있을 것이다. 특히 이 글에는 그가 '최상의 심리 원리'라 부른 에난치오드로미아(enantiodromia), 즉 반대되는 것들의 상호 조절 법칙이 매우 구체적이고 상세하게 설명되어 있는데, 이 간단해 보이는 원리가 어느 정도까지 심오하고 풍부해질 수 있는지는 관련된 부분들의 내용을 직접 읽어봐야만 알 수 있을 것이다.

이 책에는 이 글 말고도 다섯 편의 글이 더 실려 있다. 2부에 실린

다섯 편의 단편은 모두 같은 시기에 쓰인 글로,「무의식 과정의 심리학」과 내용상으로 매우 긴밀하게 연관되어 있다.

내용을 간단히 살펴보자면, 가장 먼저 나오는「정신분석의 이해」는 정신분석이 '현상의 의미에 대한 해석'을 본질로 삼는다는 점을 밝힌 글이고,「정신분석에 대한 비평」은 너무 어린 시절의 사건에만 집착하는 정신분석의 성향을 비판한 글이다.「심리 유형에 대한 기고」는 여러 사상가들의 선례를 들어가면서 인간의 기본적 성격 유형인 '외향형'과 '내향형'에 대해 탐색한 글이고,「꿈의 심리학」은 꿈이 나름의 의미와 목적을 지닌 채 의식과 상호 작용한다는 점을 밝힌 글이다. 그리고 마지막으로「무의식의 병리학」은 실제 사례를 들어가면서 의식과 무의식이 서로 '보상 관계'에 있다는 점을 드러낸 흥미로운 글이다.

이 다섯 편의 글을 함께 읽는다면 1부의 내용을 이해하고 소화하는 데 큰 도움이 될 것이라고 믿는다. 이 글은 전부 강연을 위해 준비한 원고이므로, 내용을 이해하는 데도 별 어려움이 없을 것이다. 이 책을 통해 융 사상의 맥이 조금이나마 더 뚜렷이 드러났으면 하는 바람이다.

2016년 9월
김성환

1부

무의식 과정의 심리학

현대 심리학 이론에 대한 개관 및
분석심리학의 방법론 탐구

이 에세이는 프로이트가 열어 보인 심리적 관점의 핵심을 드러내고자 혼신의 힘을 쏟던 1913년에 처음 쓰인 글로, 몇 달 전 스위스 출판업자의 개정 증보판 요구에 다시 손을 대게 되었다. 무의식의 심리학에 대한 우리의 이해를 혁신시킨 지난 몇 년간의 수많은 변화로 인해, 원고를 대폭 확장할 수밖에 없었다. 새로운 판본에서는 프로이트의 이론에 대한 설명 중 일부를 축소했고, 아들러의 심리학적 관점을 더 상세히 다루었으며, 나의 관점을 지면이 허용하는 한도에서 개괄적으로나마 제시하고자 노력했다.

무엇보다 먼저 독자들에게 이 글이 쉽고 '대중적인' 과학 논문이 더 이상 아니라는 사실, 크나큰 인내심과 주의력을 요구하는 글로 변형되었다는 사실부터 알려드리고자 한다. 이 글은 내용이 매우 복잡하고 난해하다. 또한 여기 제시한 내용이 결정적이거나 확실하다고

나 자신을 기만할 생각은 조금도 없다. 오직 여기서 언급한 다양한 문제에 관한 상세하고 과학적인 논문들만이 이런 주제들을 제대로 설명해낼 수 있을 것이다. 이 글에 제시된 문제들 속으로 더 깊이 파고들고자 하는 사람이라면, 해당 주제를 전문적으로 다룬 문헌들을 참조해야 할 것이다. 여기서 내 관심은 전적으로 무의식 심리학의 본질과 관련된 최신 개념을 맛보도록 하는 데 쏠려 있다.

나는 이 무의식이란 주제를 다루는 일이 오늘날과 같은 시점에 특히나 중요하다고 생각한다. 모든 사람의 삶과 긴밀히 연관되어 있는 이 주제를 전문적인 과학 잡지 등에만 실어 교육받은 일반인이 접근하지 못하도록 한다면, 그것은 엄청난 손실일 것이다. 혹시 지금 진행 중인 전쟁과 관련된 심리적 사건들이(대중의 폭력성 증대, 만연한 상호비방, 광적인 파괴 행위, 거짓의 범람, 내면의 악을 제어하는 능력의 결핍 등) 모두 질서정연한 의식 아래 잠복해 있는 혼란스런 무의식을 모든 지각 있는 사람들의 눈앞에 강제로 드러내기 위한 하나의 수단처럼 보이지는 않는가? 이 전쟁은 문명인에게 그들이 여전히 야만인이라는 사실을 강압적으로 인식시켜왔다. 또한, 이 전쟁은 인간이 자신의 악한 측면을 이웃에게 전가시킬 때 얼마나 가혹한 대가를 치르게 되는지 입증해왔다.

개인의 심리는 국가의 심리에 상응한다. 국가가 하는 일은 개인들도 하며, 개인들이 그 일을 하는 한, 국가 역시 그 일을 하게 된다. 따라서 국가 전체의 심리 상태를 변화시키려면, 개개인의 태도부터 바꿔나가는 수밖에 없다. 지금까지 인류의 커다란 문제들이 보편적 법칙에 의해 해결된 적은 단 한 번도 없다. 그 문제들은 오직 각 개인의 태도 변화에 의해서만 해결되어왔다. 자아 성찰이 절대적으로 필요한 단 하나의 해결책이 되는 시점이 있다면, 바로 지금, 이 재난의 시대일 것이다. 자신의 존재에 대해 숙고하는 사람은 무의식에 대한 저항과 마주칠 수밖에 없지만, 이 무의식에는 그가 가장 절실히 알아야 할 바로 그것이 내포되어 있다.

1917년 5월, 취리히 쿠스나흐트에서
칼 구스타브 융

1장

정신분석학의 시작

다른 과학들과 마찬가지로 심리학은 발달 과정에서 사변적인 단계를 거쳐야 했고, 이런 성향은 지금까지도 어느 정도 이어져오고 있다. 이 철학적인 심리학은 심혼의 본성과 기원, 특질 등을 **권위적으로 공표**한다는 점 때문에 사람들의 비난을 받아왔다. 하지만 현대의 과학적 탐구 정신은 이 모든 환상을 간단히 정리한 뒤 그 자리에 엄격한 경험적 방법론을 확립시켰다. 우리는 프랑스인들이 '정신생리학(psychophysiology)'이라 부르는 오늘날의 이 경험심리학에 큰 빚을 지고 있다. 이 새로운 경향은 야누스 같은 정신의 소유자인 페히너(Gustav Theodor Fechner)에서 시작되었는데, 그는 『정신물리학 *Psychophysik*』(1860)이란 놀라운 저서를 통해 심리 현상에 물리적 관점을 도입하는 엄청난 기획을 시도한 바 있다. 이 작업의 바탕에 깔린 착상들—특히 정신물리학의 그 놀라운 착각들—은 더없이 풍성한 결실로 이어졌다. 페히너와 동시대인이었던 분트(Wilhelm Wundt)가 페히너의 작업을 이어받아 심리학의 기초를 마련한 것이다. 현대 심리학의 주된 방향성이 지금처럼 설정된 건 분트의 엄청난 학식과 열정 그리고 실험적 연구 방법을 정교히 하는 천재성 덕분이다.

아주 최근까지 실험심리학은 순수 학문 영역에만 머물러 있었다. 최초로 그 무수한 실험적 방법 중 일부를 실용적 목적으로 활용하고자 시도한 건 크레펠린(Emil Kraepelin), 아샤펜부르크(Aschaffenburg) 등 하이델베르크 학파의 심리치료사들이었다. 정신 과정에 대한 더 정확한 지식의 필요성을 심리치료사들이 최초로 절감했다는 사실은 조금도 놀랄 일이 아니다.

이후 심리학에 도움을 요청한 건 교육학자들이었다. 근래의 '실험교육학(experimental pedagogy)'은 이로부터 발달되어 왔고, 독일의 노이만(Neumann)과 프랑스의 비네(Binet)가 이 분야에 결정적인 공헌을 했다. 한편, 자신의 환자를 진정으로 돕고자 한 의사들, 이른바 '신경병 전문가'들은 심리학 지식을 그 누구보다 절실히 필요로 했다. 히스테리 같은 신경 질환과 '신경과민'으로 분류된 모든 질병은 심리적 기원을 지닌 것으로, 심리적 차원의 치료를 요하는 것이었기 때문이다. 차가운 물과 빛, 바람, 전기, 자석 자극 등은 일시적으로만 효과를 발휘했고, 아무런 효과를 내지 못할 때도 많았다. 이런 요법은 종종 상당히 서툰 방식으로 치료에 도입되었는데, 그것은 단순히 의사들이 이 요법들의 암시 효과에만 의존했기 때문이다. 하지만 환자가 정말로 치료받아야 하는 곳은, 우리가 감히 약물의 영역에 포함시키지 못하는 정신에, 그 고도로 복잡하고 고귀한 활동들이 일어나는 심혼에 있었다. 이 경우 의사는 심리학자가 되어 인간의 영혼을 이해하지 않으면 안 된다. 그는 자신에게 부과된 이 절박한 요구를 회피할 수 없다. 따라서 그는 자연히 심리학에 도움을 청하게 된다. 기존 정신의학 교과서는 아무런 도움이 안 되기 때문이다. 하지만 현대의 실험심리학은 가장 핵심적인 심리 과정을 통찰하는 데 거의 도움이 되지 못하고, 사실상 그것을 목표로 여기지도 않는다. 실험심리학은 심리적인 것에 인접한 간단하고 기본적인 현상들을 분리해낸 뒤, 그것을 가능한 한 고립된 채로 연구하는 것을 목표로 한다. 실험심리학은 인간의 정신적 삶이 지닌 무한한 다양성과 역동성을 무시하다시피 하기 때문에, 전체를 하나로 통합해주는 포괄적 개념 없이 고립된 세부 지식만 무수히 양산해낸다. 따라서 인간 영혼의 비밀을 알고자 하는 자는 실험심리학에서 거의 아무것도 얻어내지 못한다. 차라리 엄격한 과학을 포기하고 학자의 옷을 벗어던져 자신의 연구에 작별을 고한 뒤, 담대하게 세상 속으로 뛰어들어 갖은 고초를 겪는 편이 나을 것이다. 무시무시한 수용소와 정신병원, 황량하고 외진 선술집과 매음굴, 도박장, 호사스러운 거실, 증권거래소, 사회주의자들의 모임, 기묘한 종교 분파의 부흥회 등을 경험하면서 사랑과 증오를 비롯한 온갖 종류의 고통을 직접 겪어보는 편이 나을 것이다. 아마도 조그만 교과서에서보다 훨씬 풍부한 지식을 안고 돌아올 것이고, 그렇게 무장한 그는 이제 환자들에게 진정한 의사가 되어줄 수 있을 것이다. 그는 인간의 영혼을 이해하기 때문이다. 실험심리학의

'초석들'에 대한 그의 존경이 더 이상 대단치 않다 해도 그는 아마 용서받을 수 있을 것이다. 과학자들이 '심리학'이라 부르는 것과 일 상적 인간 경험이 심리학에 요구하는 것 사이에는 엄청난 간극이 존 재하니 말이다.

이런 요구는 새로운 심리학의 출발점이 되었고, 그 심리학은 무엇 보다 지그문트 프로이트(Sigmund Freud)의 천재성을 통해, 그리고 기 능성 신경 질환에 대한 그의 연구들을 통해 촉발되었다. 이 새로운 유형의 심리학은 아마도 '분석적 심리학'이라고 묘사할 수 있을 것 이다. 블로일러(Eugen Bleuler) 교수는 '심층심리학'이란 용어를 고안[1] 하여, 프로이트의 심리학이 마음의 더 깊은 영역, 영혼의 '오지'인 '무의식'의 영역을 대상으로 한다는 점을 부각시켰다. 프로이트는 자신의 탐구 방법을 '정신분석학'이라 부른다.

이 문제를 더 자세히 다루기 전에 이 새로운 심리학과 기존 과학 의 관계부터 살펴볼 필요가 있다. 여기서 우리는 "학자들에겐 호기 심이 없다"는 아나톨 프랑스(Anatole France)의 격언을 상기시키는 독 특한 소극과 마주하게 된다.

이 새로운 영역을 처음으로 열어 보인 중요한 저작[2]은, 그것이 신 경병에 대한 새롭고 근본적인 개념을 제공해준다는 사실에도 불구

---

1   Bleuler, "Die Psychoanalyse Freuds." *Jahrbuch für psychoanalytische Forschungen*, vol. II., 1910.

2   Breuer and Freud, "Selected Papers on Hysteria and other Psychoneuroses." *Nervous and Mental Disease*, Monograph series, No. 4.

하고 매우 미약한 반향만을 불러일으켰다. 일부 저자들은 그 가치를 인정하는 듯한 발언을 한 뒤, 바로 다음 쪽에다 자신의 히스테리 사례를 예전 방식 그대로 묘사해놓기도 했다. 마치 지구가 둥글다는 관념에 완전히 동의해놓고, 계속해서 그것을 평면으로 묘사하는 것과도 같았다. 프로이트의 다음 저작들은 정신의학 영역에 엄청나게 중요한 발견들을 제공해주었음에도 사실상 무시당하다시피 했다. 1900년, 꿈에 대한 최초의 심리학적 설명[3]을 제시했을 때(이전까지 이 영역은, 정당하게도, 한밤의 어둠으로 뒤덮여 있었다), 프로이트는 조롱거리가 되었다. 그리고 지난 십 년에 걸쳐 성 자체를 심리학적으로 해명[4]하기 시작했을 때, 그리고 취리히 학파가 그에게 동조하기로 결정했을 때, 그는 비난의 폭풍에 휩쓸렸고 그 폭풍은 아직까지 그치지 않고 있다. 바덴바덴에서 열린 정신과 의사들의 지난번 독일 남서부 모임에서, 새로운 심리학의 지지자들은 프라이부르크 대학 교수 호헤(Alfred Hoche)의 강연을 듣는 흥미로운 경험을 할 수 있었다. 호헤는 박수갈채를 받은 긴 연설에서 정신분석 운동을 **의사들의 정신적 일탈 행위**로 묘사했다. "의사는 다른 의사의 질병을 진찰하지 않는다"라는 경구는 여기서 완전히 체면을 잃었고, 더없이 신중하게 연구된 정신분석 이론들은 파리의 가장 유명한 신경학자의 이 고지식한 한마디에 웃음거리로 전락하고 말았다. 그는 이렇게 말했다. "내가 프

3　Freud, *The Interpretation of Dreams*, George Allen; 프로이트, 『꿈의 해석』, 1900년.

4　Freud, *Three Contributions to the Sexual Theory*, Monograph Series; 프로이트, 『성욕에 관한 세 편의 에세이』, 1902년.

로이트의 저작들을 읽지 않았다는 것은 사실입니다(그는 독일어를 전혀 몰랐다). 하지만 그의 이론에 대해 말하자면, 그것은 질 나쁜 말장난에 불과합니다." 지난날 프로이트는 태연하고도 위엄 있는 태도로 내게 이렇게 말한 적이 있다. "나는 이 발견들이 도처에서 저항과 분노를 불러일으키는 것을 보고 그 가치를 처음으로 확신하게 되었다네. 그때 이후로 나는 내 작업의 가치를 그것이 촉발한 저항의 강도에 따라 평가하고 있지. 사람들이 내 성 이론에 가장 극렬히 저항하는 것을 보니 그 속에 내 최고의 발견이 놓여 있나 보네. 아마도 인류의 진정한 은인은 결국 거짓 스승일 게야. 그 거짓 가르침에 대한 반항이 사람들을 싫든 좋든 진실 속으로 밀어 넣어줄 테니 말이지. 따라서 진실을 말하는 자들은 해로운 친구들이라 할 수 있네. 그들은 사람들을 오류 속으로 몰아갈 테니까."

지금쯤 독자는 그가 이 심리학에서 완전히 독특한 무언가를 다루고 있다는 사실을 인식하게 되었을 것이다. 완전히 비합리적이고 편파적이고 기괴한 것은 아니지만 그것은 전연 색다른 무엇이다. 그렇지 않고서야 모든 과학 권위자를 시작부터 그토록 극렬히 저항하도록 만들 수 있겠는가?

따라서 우리는 이 심리학을 좀더 깊이 들여다보려 한다. 이미 오래전, 샤르코(Jean Martin Charcot)가 활동하던 때부터 신경증 증상은 '심인성' 질환, 즉 심리적 원인에 의해 촉발된 질환으로 간주되었다. 또한, 주로 낭시 학파의 작업에 힘입어, 모든 히스테리 증상이 암시라는 수단에 의해 정확히 재현될 수 있다는 점도 알려져 있었다. 하지만 히스테리 질환의 형성 과정과 심리적 발병 원인 등은 여전히 어둠 속에 가려져 있었다. 1880년대 초반, 비엔나의 의사였던 브로이어(Josef Breuer) 박사는 새로운 심리학의 진정한 시초가 된 발견을 해 냈다. 그는 히스테리로 고통받는 젊고 매우 지적인 여성 환자를 치료 했는데, 그녀는 이해할 수 없는 여러 증상을 나타냈다. 오른팔의 경련성 마비, 간헐적으로 몽롱해지는 의식 상태, 모국어를 망각한 채 영어로만 의사소통하는 발화 능력 장애(이른바 선택적 함구증) 등이 그 것이었다. 당시 의사들은 이런 경우 해부학적 장애에 관한 이론을 세우려고 노력했고, 이런 성향은 사실상 지금도 계속되고 있다. 팔 등의 부위를 담당하는 뇌 영역에 아무런 이상이 없는데도 말이다. 하지만 히스테리 증후군은 해부학적으로 설명이 불가능한 사례로 가득하다. 히스테리 질환으로 듣는 능력을 완전히 잃어버린 여인의 사례가 그중 하나이다. 그녀는 청각을 상실한 후에도 자주 노래를 부르곤 했는데, 한번은 의사가 노래를 부르는 그녀 옆의 피아노에 몰래 앉아 피아노를 연주하며 음조를 높이자, 자신이 무슨 일을 하는지 알지도 못한 채 그 변한 음조에 맞춰 노래를 부르기 시작했다. 듣지 못하면서도 듣는 것이다. 선택적 실명의 다양한 유형도 이와 비슷한 현상을 보인다. 히스테리성 실명으로 고통받던 한 남자의 사례를 들어보기로 하자. 그는 치료를 통해 결국 시야를 완전히 회복했지만, 처음에는 오로지 부분적으로만 시야를 되찾을 수 있었다. 즉 그는 다른모든 것을 볼 수 있었지만 단 한 가지, 사람의 머리만은 보지 못했다. 그에게는 주변의 모든 사람이 머리 없는 유령처럼 보였다. 보면서도 보지 못한 것이다. 이와 비슷한 수많은 경험을 통해, 우리는 보지 못하고 듣지 못하는 것은 환자의 의식일 뿐, 감각 기능 자체에는 아무런 문제도 없다는 결론을 내리게 되었다. 이런 현상은 항상 물리적 손상을 그 원인으로 하는 기질적 장애의 본성과 정면으로 배치된다.

여담은 이쯤 하고, 브로이어의 사례로 돌아가기로 하자. 당시 브로이어는 장애의 조직적 원인을 찾을 수 없었으므로 환자의 증상을 히스테리적인 것으로, 즉 심리적 원인에 의해 발생한 것으로 간주했다. 그는 이 여성 환자가 몽롱한 상태에 빠졌을 때(자연 발생적인 것이든 인위적으로 유도된 것이든 간에) 떠오르는 기억이나 환상 등을 자유롭게 표현하도록 하면, 이후 몇 시간 동안 증세가 호전된다는 사실을 알게 되었다. 그는 환자의 치료에 이 발견을 체계적으로 활용했고, 그 여성 환자는 이 치료법에 '대화 치료'라는 적절한 명칭을 부여했다. 그녀는 농담조로 이 치료를 '굴뚝 청소'라 부르기도 했다.

이 여인의 질병은 그녀가 죽어가는 아버지를 간병하던 도중 발병했다. 따라서 그녀의 환상이 주로 이 심란했던 기간 동안의 기억을 대상으로 한다는 건 충분히 이해할 만한 일이다. 몽롱한 상태에서 떠오른 이 기간의 기억은 그 기억의 모든 세부 사항까지 명백히 드러날 정도로 생생하게 재현되었다. 깨어 있는 동안의 그 어떤 기억도 이처럼 뚜렷하고 정확하지는 못했다. 이 같은 기억력의 증폭 현상을 기억 이상 항진증(hypermnesia)이라 부르는데, 이런 증세는 의식적으로 곤궁해진 상황에서 꽤나 빈번히 발생한다. 또 이 기억을 통해 놀라운 사실들이 밝혀졌는데, 드러난 많은 사실 가운데 하나만 예로 들자면 다음과 같다.

어느 날 밤엔가 그녀는 아버지의 고열 때문에 극심한 불안에 빠져 있었다. 그녀는 아버지의 침대 옆에 앉아 수술을 위해 비엔나에서 오는 외과의를 기다리고 있었다. 어머니는 잠시 방 밖으로 나간 상태였고, 안나(그 여성 환자)는 침대 옆에 앉은 채 오른팔을 의자 등받이에 걸쳐놓고 있었다. 이때 그녀는 일종의 백일몽으로 빠져들어, 검은 뱀 한 마리가 벽에서 기어나와 아버지를 물러 기어가는 모습을 보게 되었다(집 뒷마당에서 실제 뱀을 보고 겁을 먹은 기억이 환각의 요인으로 활용되었을 가능성이 높다). 그녀는 이 뱀을 쫓아내고 싶었지만 마비된 느낌을 받았다. 의자에 걸쳐 있던 오른쪽 팔은 무감각하게 마비되어 '잠들어'버렸고, 손가락은 죽음의 머리(손톱)를 한 작은 뱀들로 변형되어 있었다. 아마도 그녀는 마비된 오른쪽 손으로 뱀을 쫓아내고자 시도했을 것이고, 이를 통해 마비 증세가 그 뱀 환상과 연관을 맺게 되었을 것이다. 뱀이 사라진 이후에도 공포는 계속되었다. 그녀는 기도를 하려고 시도했지만 어떤 언어로도 할 말을 찾지 못하다가, 마침내 영어 동요를 조금 기억해내 그 언어로 생각과 기도를 할 수 있었다.

이것이 마비와 발화 장애가 처음으로 촉발될 당시의 실제 상황이다. 발화 장애는 바로 이 상황에 대한 묘사를 통해 완전히 제거되었고, 다른 장애들 역시 마찬가지 방식으로 완치되었다.

나는 이 한 가지 사례로 논의를 국한시키고자 한다. 브로이어와 프로이트의 책에는 이와 유사한 사례가 풍부하게 제시되어 있다.

이 같은 장면은 하나같이 매우 강한 인상을 준다. 따라서 그런 경험을 증상의 원인으로 간주하려는 경향이 생긴다고 해도 놀랄 일은 아닐 것이다. 실제로 영국의 '정신적 충격' 이론—샤르코가 열렬히 지지한—에서 발달된 당시의 히스테리 이론은 브로이어의 발견을 설명하는 데 매우 유용했고, 따라서 히스테리 증세의 기원을 정신적 외상(그 효과가 무의식 속에 계속 보존되는)에서 찾는 트라우마 이론으로 까지 발전되었다. 이 발견을 광범위하게 입증해낸 건 브로이어의 동료였던 프로이트였다. 프로이트는 히스테리 증상들이 난데없이 하늘에서 떨어진 것이 아니라, 과거의 심리적 경험에 의한 것이라는 점을 풍부하게 입증해냈다. 따라서 이 새로운 이론은 매우 중요한 경험적 연구 영역을 어느 정도 열어 보였다고 할 수 있을 것이다. 하지만 치열한 탐구 정신을 소유한 프로이트는 이 표면적 층위에 오래도록 만족하지 못했다. 더 깊고 어려운 문제들이 벌써부터 끼어들기 시작했기 때문이다. 예컨대 브로이어의 환자가 겪은 것 같은 엄청난 두려움과 불안의 순간들이 오래도록 지속되는 결과를 불러일으킨다는 건 분명한 사실이지만, 그런 경험 자체에 이미 병적 성질이 깊이 각인되어 있는 듯 보이는 이유는 왜일까? 간병이라는 고된 일은 충분히 그런 결과를 불러일으킬 수 있다고 가정해야 하는 것일까? 만일 그렇다면 그런 결과는 지금보다 훨씬 빈번히 발생해야 할 것이다. 수고스럽게 간병하는 경우는 안타깝게도 무척 많을 뿐만 아니라 간호사의 성격이 항상 온전하기만 한 것도 아니기 때문이다. 의학은 이문제에 한심스러운 해답만 제공한다. 즉 의사들은 그 'x'라는 요인이 기질이라고, 단지 그런 반응을 일으킬 성향이 있는 것뿐이라고 주장한다. 하지만 프로이트에게는 '무엇이 그 기질을 구성하는가'가 문제였다. 이런 질문은 자연히 그 심리적 외상에 선행하는 모든 경험에 대한 탐구로 이어졌다. 어떤 불쾌한 광경에 사람들이 저마다 서로 다른 영향을 받는다는 건 상식에 속하는 일이며, 개구리와 쥐, 뱀, 고양이처럼 중립적이거나 심지어 유쾌하기까지 한 대상도 어떤 사람들에게는 엄청난 혐오감을 촉발한다는 것도 잘 알려진 사실이다. 무시무시한 수술은 아무런 동요 없이 편안히 견뎌내면서, 고양이에 살짝 닿기만 해도 공포와 구역질에 치를 떠는 여성들의 사례도 있다. 심각한 공포 히스테리 증세로 고통받던 젊은 여성의 사례 하나[5]를 예로 들어보자. 그녀는 사교 모임에 참석했다가 밤중에 여러 지인과 함께 집으로 돌아가는 길이었다. 그때 짐마차가 그들 뒤에서 돌진해왔다. 그녀의 일행들은 길에서 비켜섰지만 그녀는 겁에 질려 정신이 나갔는지 도로 한가운데를 달리며 마차를 피해 도망치기 시작했다. 마부는 채찍을 휘두르며 욕지거리를 퍼부었지만 소용없는 일이었다. 그녀는 도로를 따라 다리가 있는 곳까지 달려 내려갔고, 그곳에서 탈진 상태에 빠져버렸다. 지나가던 행인이 구해주지 않았더라면, 그녀는 말을 피하기 위해 물속으로 뛰어들 판이었다. 한편, 이 여성은 1905년 1월 22일 피의 일요일 사건이 있던 날 상트페테르부르크 광장에 있다가, 병사들의 사격에 군중이 죽어나가는 모습을 보게 되었다. 주변에 있는 모든 사람이 죽고 상처를 입으며 쓰러졌다. 그녀는 그 와

---

5   이 사례에 대한 자세한 언급은 Jung, *The Theory of Psychoanalysis* 참조.

중에도 평정과 침착함을 유지했고, 다른 쪽 거리로 통하는 문을 찾아 안전하게 피신할 수 있었다. 이 끔찍한 사건은 당시에도, 그 이후에도 그녀를 흔들어놓지 못했다. 그녀는 훗날 아무런 문제도 일으키지 않았고, 사실 이전보다 더 건강했다.

이와 유사한 반응을 관찰하는 건 그리 어렵지 않다. 따라서 우리는 외상의 강도가 병의 원인으로 별 중요성을 갖지 못한다는 결론을 내릴 수밖에 없다. 병의 원인으로 작용하는 건 그 환경에 속한 독특한 어떤 요인이다. 여기에서 우리는 기질이란 것을 이해하는 데 도움이 되는 열쇠 하나를 얻게 된다. 그렇다면 마차의 사례에서 그 독특한 환경적 요인에 해당되는 것은 무엇일까? 그녀의 공포와 불안은 말의 발자국 소리를 듣는 순간 촉발되었다. 그녀는 순간적으로 그 소리가 죽음과 같은 어떤 무시무시한 운명을 예고한다는 느낌을 받았고, 다음 순간에는 완전히 이성을 잃어버리고 말았다.

이 강렬한 인상은 분명 어떤 식으로든 말과 연관되어 있다. 그다지 인상적이지도 않은 사건에 그토록 과장된 방식으로 반응하게 된 건 말이 그녀에게 어떤 특별한 의미를 지닌 동물이기 때문일 것이다. 그녀는 아마도 말과 관련된 어떤 위험한 사건을 경험했을 것이다. 실제로 이는 사실로 드러났다. 일곱 살쯤 되었을 때 그녀는 마부와 함께 마차로 산책을 나간 적이 있다. 그런데 말들이 무언가에 놀란 나머지 전속력으로 가파른 강둑을 향해 내달리기 시작했다. 마부는 마차에서 뛰어내린 뒤 그녀를 향해 어서 뛰어내리라고 소리쳤지만, 그녀는 극단적인 공포에 완전히 사로잡힌 나머지 몸을 제대로 움직일 수조차 없었다. 다행히 그녀는 말과 마차가 강둑 아래로 굴러떨어지기 직전에 정신을 차리고는 간신히 마차에서 뛰어내릴 수 있었다. 이같은 경험이 남긴 인상이 오래 지속된다는 점에는 의심의 여지가 없을 것이다. 그렇지만 이것으로 자극에 대한 소녀의 과장된 반응까지 설명할 수는 없다. 현재 우리가 아는 것은 이 훗날의 증상이 어린 시절에 그 기원을 두고 있다는 사실뿐이다. 그 병적 성향의 진정한 원천이 무엇인지는 여전히 안개에 가려져 있다. 이 수수께끼의 심장부로 침투해 들어가기 위해서는 더 많은 자료를 축적할 필요가 있다. 그런데 관련된 경험이 축적되면 될수록, 외상적 경험의 모든 사례가 **애정 문제**라고밖에는 묘사할 수 없는 특수한 종류의 장애와 공존한다는 점이 점점 더 뚜렷해졌다. 하지만 사람들은 천국과 지옥, 선과 악, 고귀함과 비천함의 양극을 오가는 애정 생활의 이 이중적 성격에 충분한 관심을 기울이지 않는다.[6]

프로이트는 이 점을 인식하고선 바로 신경증에 대한 관점을 근본적으로 혁신시켰다. 샤르코의 외상 이론의 영향하에 있던 시절만 해도 그는 신경증의 기원을 외상적 경험 자체에서 찾으려고 했다. 하지만 이제는 연구의 무게중심이 완전히 다른 곳에 놓이게 되었다. 앞서 살펴본 사례를 다시 활용해보자. 우리는 말이 환자의 삶에 중요한

---

6 다음 경구를 사랑에 적용할 수도 있을 것이다. "위의 하늘/ 아래의 하늘/ 위의 별/ 아래의 별/ 위에 있는 모든 것은/ 또한 아래에도 있느니라/ 이것을 알아라/ 그리고 기뻐하라."(고대 신비가) 메피스토펠레스 역시 "악을 꾀하면서도 선을 만들어내는 힘의 일부"라고 자신을 소개하며 같은 관념을 표현한다.

영향력을 행사한다는 점을 이해할 수 있다. 하지만 환자가 말에 대해 그토록 과장되고 터무니없는 반응을 보인 이유가 무엇인지는 불분명하다. 사실 이 흥미로운 이야기에서 병적인 요인으로 작용하는 것은 말에 대한 두려움이 아니다. 사건의 진상을 제대로 파악하려면 우리는 우리가 내린 경험적 결론, 즉 외상 경험이 항상 애정 영역에서의 장애와 함께 발견된다는 점을 기억해야만 한다. 이제 지금 검토 중인 이 사례에서 애정 생활과 관련된 어떤 불만족이 발견되는지 확인해보려 한다.

우리 환자에게는 약혼을 염두에 두고 있는 젊은 남자 친구가 있었다. 그녀는 그를 사랑했고, 그와 함께 행복해지기를 원했다. 처음에는 이 이상의 어떤 정보도 발견할 수 없었다. 하지만 연구자는 시작 지점에서 발견되는 실망스러운 결과에 기가 죽어서는 안 된다. 일직선으로 목표에 도달할 수 없을 때는 돌아가는 길을 활용할 필요가 있다. 따라서 우리는 환자가 마차의 앞을 내달리던 그 기묘한 순간으로 관심을 돌리고자 한다. 우리는 먼저 당시 함께 있던 일행들이 누구이며 그들이 참여했던 모임이 어떤 모임인지 물었다. 그 모임은 일단 환자와 가장 친했던 동성 친구의 송별회로 밝혀졌다. 그 친구는 신경쇠약 때문에 해외 휴양지로 요양을 떠나려던 참이었다. 우리는 이 친구가 행복하게 결혼하여 한 아이의 어머니가 되었다는 말을 들었다. 하지만 우리는 행복하다는 주장에 의문이 들었다. 정말로 행복하다면 '신경쇠약'에 걸려 요양을 떠날 필요도 없을 테니 말이다. 그래서 나는 이 문제를 다른 관점에서 공략해 들어가기 시작했다. 그 결과 나는 우리 환자가 마차 사건 이후 동성 친구와 그 남편(역시 환자의 친구)에게 초대를 받아 요양지 인근의 안전한 장소에 머물렀다는 사실을 알게 되었다. 친구가 지친 상태였기 때문에 남편이 대신 우리 환자를 책임지게 되었다. 이야기가 이 지점에 이르자 우리 환자는 갑자기 말을 중단하고는 당황하여 안절부절못하면서 화제를 돌리고자 애를 썼다. 받아들일 수 없는 어떤 기억이 떠오른 것이 분명했다. 하지만 이 완고한 저항을 극복한 후, 그녀는 그날 밤 매우 이상한 일이 벌어졌다는 점을 시인했다. 그 남성 친구가 그녀에게 열정적인 사랑 고백을 한 것이다. 그의 아내가 없는 상황에서 일어난 이 고백은 우리 환자에게 어렵고 고통스러운 시련으로 다가왔다. 남자의 이 선언은 분명 그녀에게 '마른하늘에 날벼락'처럼 들렸을 것이다. 하지만 약간의 비판을 가동하면 우리는 그런 상황이 하늘에서 그냥 떨어지는 것이 아니란 점을 곧 인식할 수 있다. 이런 일은 항상 무르익는 과정을 미리 거치기 마련이다. 조각조각 나뉜 오랜 사랑 이야기를 발굴해내는 건 몇 주에 걸친 분석 작업을 요하는 일이었다. 이제부터 마침내 밝혀진 전체 그림을 간략하게 제시해보고자 한다.

어린 시절 우리 환자는 못 말리는 왈가닥이었다. 그녀는 소년들이나 하는 거친 놀이를 즐겼고, 자기 자신의 여성성을 비웃었으며, 여성적인 태도나 행동과는 완전히 무관한 생활을 했다. 하지만 사춘기를 지나 성이란 주제에 관심을 갖게 될 때쯤부터 모든 사회 활동을 기피하기 시작했다. 인간의 생물학적 운명을 연상시키는 거의 모든 것에 경멸과 반감을 드러냈고, 이 투박한 현실과는 아무 관련도 없는 환상의 세계 속으로 빠져들기 시작했다. 그녀는 24세가 될 때까지 이런 식으로 살면서, 평범한 또래 소녀들이 경험하는 작은 모험과 희망, 기대 등을 전부 회피해버렸다. 하지만 그녀는 결국 자기 주위에 쌓은 성벽을 무너뜨려줄 두 명의 남성 친구를 만나게 된다. 가장 친한 동성 친구의 남편인 A씨와 이들의 대학 동기였던 B씨가 그들이다. 그녀는 이 둘 모두를 좋아했다. 하지만 곧 B씨가 자신에게 더 관심을 보인다는 점을 알게 되었고, 그와 관계가 진전되어 결국 약혼까지 생각하게 되었다. 하지만 그녀는 자신의 동성 친구를 통해, 그리고 개인적인 우정을 통해 A씨와의 관계도 이어나갔다. A씨의 존재는 그녀를 이해할 수 없는 방식으로 흥분시켜, 그녀를 불안 상태에 빠뜨리곤 했다. 이 무렵 그녀는 한 연회에 참석하게 되었다. 그 연회에는 그녀의 모든 친구가 와 있었다. 하지만 그녀는 생각에 사로잡혔고, 공상에 빠진 채 자신의 반지를 가지고 놀다가, 그것을 그만 떨어뜨리고 말았다. 반지는 손에서 미끄러져 탁자 아래로 굴러들어갔다. 두 명의 남성 친구 모두 그 반지를 찾아주려 애를 썼지만, 결국 반지를 찾아낸 것은 B씨였다. B씨는 의미심장한 미소를 머금은 채 반지를 그녀의 손가락에 끼워주며 말했다. "이게 무슨 뜻인지 알지?" 하지만 그녀는 뭔가 이상하고 저항할 수 없는 느낌에 압도된 나머지, 그 반지를 손가락에서 황급히 빼내 창문 밖으로 던져버리고 말았다. 모두에게 고통스러운 순간이 이어졌고, 그녀는 우울감에 빠진 채로 곧 모임에서 빠져나왔다. 얼마 후, 그녀는 '우연히' A씨와 그 부인이 머물고 있는 요양지로 여름휴가를 가게 되었다. A씨 부인이 신경증 문제로 고통을 받기 시작한 건 그 무렵이었고, 때론 상태가 너무 안 좋아 집 밖에 나갈 수조차 없는 상황이었다. 그래서 우리 환자는 A씨와 단 둘이 자주 산책을 나갈 수 있게 되었다. 하루는 작은 보트를 타고 산책을 나섰다. 그런데 그녀는 기쁨에 너무 들뜬 나머지 보트 위에서 방정맞게 굴다가 그만 물속으로 빠지고 말았다. A씨는 그녀를 간신히 구해 반쯤 기절한 상태로 보트 위에 눕혀놓았다. 그러고는 그녀에게 키스를 했다. 이 낭만적인 사건은 그들 사이의 관계를 급속도로 진전시켰다. 하지만 그녀는 스스로를 보호하기 위해 B씨와 약혼하려 애를 썼고, 자기가 사랑하는 건 B씨라고 자신을 설득하려 들었다. 물론 이 괴상한 희극은 여성들 특유의 날카로운 질투심을 피해갈 수 없었다. 우리 환자의 친구인 A씨 부인은 그들 사이의 비밀을 감지했고, 기분이 너무 상한 나머지 상태가 악화되어 해외 요양지까지 가서 치료를 받아야 했다. 송별 모임 당일 날, 악마가 우리 환자에게 찾아와 속삭였다. "A씨는 오늘 밤 혼자야. 그의 집에 가려면 무슨 일이든 일어나야 해." 그리고 실제로 그 일이 일어났다. 우리 환자의 기괴한 행동에 당황한 친구들은 그녀를 A씨의 집에 데려다 놓았고, 그렇게 그녀는 자신의 욕망을 충족시킬 수 있었다.

이 글을 읽은 독자들은 오직 악마적 교묘함만이 그런 사건들의 연쇄를 일으킬 수 있다고 가정하고 싶어질 것이다. 사실 그녀의 행동에 교묘한 면이 있다는 점에는 의심의 여지가 없다. 하지만 그녀의 행동은 윤리적인 면에서 다소 애매하다. 나는 우리 환자가 **그 극적인 행동들의 동기를 조금도 의식하지 못했다**는 점을 특별히 강조하고 싶다. 그 사건은 분명 의식적 동기의 개입 없이 저절로 일어났다. 하지만 전체 이야기를 종합해보면, 그녀의 행동 하나하나가 하나의 목적을 향해 고도로 정교하게 배열되어 있다는 점이 명백해진다. 의식적 자아는 분명 B씨와의 약혼을 성사시키기 위해 노력하고 있었지만, 정반대 방향으로 향하는 무의식적 충동이 그 의식적 의도보다 훨씬 강력했던 것이다.

그렇다면 다시 묻건대, 외상에 대한 그 병적이고 과장된 반응은 어디에서 비롯된 것일까? 우리는 다른 분석 경험들에서 얻어낸 결론에 의존하여, 이 사례에서도 애정 생활에서 일어난 문제가 중요한 역할—과거의 외상 경험에 더하여—을 담당했을 것이라는 추측을 감행하게 되었다. 그리고 이 가정은 완벽히 입증되었다. 질병의 원인인 것처럼 보이는 외상은 사실 무의식에 잠겨 있는 요인, 즉 **중요한 성애적 갈등**이 드러나도록 하는 하나의 **계기**에 불과했던 것이다. 이 발견으로 인해 외상을 병의 원인으로 보는 이론은 그 중요성을 상실하게 되었고, 결국 성애적 갈등을 병의 원인으로 간주하는, 보다 깊고 포괄적인 이론으로 대체되기에 이른다. 그 새로운 이론을 우리는 '신경증에 대한 성 이론'이라 부른다.

나는 신경증의 원인이 왜 항상 다른 무언가가 아닌 성애적 갈등이냐는 질문을 자주 받는다. 이에 대해 나는 이렇게 답할 수밖에 없다. 성애적 갈등이 원인이어야 한다고 주장하는 사람은 아무도 없지만, 사실을 조사해보면 항상 그렇게 밝혀진다고. 이런 사실은 환자의 친척이나 목사, 교사 같은 사람들이 아무리 분노한다 해도 변하지 않는다. 이 같은 견해에 반대하는 모든 주장에도 불구하고 애정 영역에서의 갈등과 문제는 인류에게 그 무엇보다 중요한 것으로 드러나며,[7] 주의 깊은 연구를 거듭하면 할수록, 애정 생활이 보통 생각하는 것보다 훨씬 근본적인 중요성을 갖는다는 점이 점점 더 명백해진다.

어쨌든 이처럼 숨겨진 성애적 갈등—외상이 아닌—이 신경증의 진정한 원천으로 밝혀짐에 따라, 외상은 병의 원인으로서의 중요성을 점차 상실하게 되었다.

7　여기서 말하는 애정은 단순한 성욕만을 의미하지 않는다. 그것은 범위가 좀 더 넓다.

2장   성 이론

이렇게 해서 정신분석 이론은 이제 완전히 다른 기반 위에 놓이게 되었다. 즉 이제 성애적 갈등 그 자체를 직접 다룰 수밖에 없게 되었다. 앞서 보았듯, 우리의 사례는 극히 비정상적인 요인들을 내포하고 있다. 그것은 평범한 애정 갈등과는 비교조차 할 수 없다. 오직 표면적으로 요구된 애정만 의식되고 진정한 열망은 인식조차 안 되었다는 점은 실로 놀랍고 믿기 힘든 일이다. 하지만 의식 영역이 표면적 욕구에 장악당하는 동안, 진정한 성애적 관계는 어둠 속에 남아 있었다는 점에는 의심의 여지가 없다. 이 사실은 아마도 다음과 같은 공식으로 정리할 수 있을 것이다. '신경증 환자에게는 정반대되는 두 종류의 성적 경향이 존재하며, 그것들 중 적어도 하나는 무의식적이다.' 하지만 이 공식에 대해 '그것은 특수한 사례에서 이끌어낸 것이므로 그렇게 일반화해서는 안 된다'고 문제를 제기할 수도 있을 것이다. 그리고 이런 비판은 성적 갈등이 도처에 편재한다는 점을 받아들이는 사람이 거의 없다는 사실에 의해 더욱 힘을 얻게 될 것이다. 사실 이런 갈등은 소설의 영역에서나 발견할 수 있는 것으로 간주되곤 한다. 애정 영역에서 일어나는 갈등은 카린 미셸리스(Karin Michaelis)의 『결혼의 일탈*Aberrations of Marriage*』이나 포렐(Auguste Forel)의 『성적 질문*The Sexual Question*』 같은 책에 나오는 거칠고 도발적인 불륜으로 묘사되는 것이 보통이기 때문이다. 사실은 전혀 그렇지 않다. 우리는 가장 격렬하고 애처로운 드라마가 무대 위에서만 일어나는 것이 아니란 점을 잘 안다. 그런 갈등은 일상을 살아가는 모든 사람의 가슴속에서 일어난다. 다만 그들이 그 문제에 관심을 기울이지 않거나, 아예 세상에 등돌리거나, 내면에서 요동치는 그 갈등을 느끼지 못하도록 신경쇠약에 빠져버리기 때문에 제대로 알아차리지 못하는 것뿐이다. 그럼에도 사람들은 대부분의 환자들이 자신들의 무의식에서 진행되는 피비린내 나는 전쟁을 인식조차 못한다는 사실에 경악한다. 하지만 자기 자신에 대해 아무것도 이해하지 못하는 사람이 수없이 많다는 점을 감안하면, 자기 내면에서 벌어지는 갈등에 완전히 무지한 사람들이 존재한다는 사실에 덜 놀라게 될 것이다.

이제 독자들은 병의 원인이 되는 무의식적 갈등이 존재할 가능성을 어느 정도 인정하게 되었을 것이다. 하지만 그 갈등이 성애적 갈등이란 사실에는 분명 저항할 것이다. 만일 다소 신경증적인 성향마저 있는 독자라면, 내가 성에 대해 암시만 해도 내게 분노를 터뜨리려 할 것이다. 우리 모두는 '성애적'이나 '성적'이라는 단어와 마주칠 때마다 세 차례 십자가를 긋도록 학교와 가정에서 교육받아왔기 때문이다. 이로 인해 우리는 그런 성질의 것이 우리 자신에게 존재하지 않는다고, 우리와는 별 관련이 없는 것이라고 편리하게 생각하게 되었다. 하지만 애초에 신경증적 갈등을 초래하는 건 바로 이와 같은 태도이다.

우리는 인류 문명의 진보가 인간의 동물적 본능을 점진적으로 제어해나가는 과정이나 다름없다는 점을 잘 안다. 이 교화 과정에는 풀려나기를 여전히 갈망하는 동물적 본능의 반항이 어떤 식으로든 수반되기 마련이다. 인류는 문명화 과정이 부여하는 제약들을 견뎌내도록 스스로를 압박해왔지만, 가끔씩 광기 어린 폭발이 일어났다. 고대인들은 그것을 동방에서 전해진 디오니소스적 주연의 형태로 경험했고, 이는 고대 문화의 핵심적 특성 중 하나로 자리 잡았다. 하지만 주신 디오니소스로 상징되는 이런 정신은 기원전 한 세기 동안 등장한 수많은 철학 학파를 자극하여 스토아적 이상을 금욕주의로 발전시키도록 하는 하나의 계기가 되어주었고, 당시의 다신교적 혼돈 상태에서 미트라교와 기독교라는 금욕주의적 쌍둥이 종교를 형성해내는 데 일정 부분 영향을 미치기도 했다. 그렇지만 르네상스 기간 동안에는 자유를 향한 이 디오니소스적 충동의 물결이 서구 세계를 다시 한 번 휩쓸고 지나갔다. 지금은 어떨까? 자신이 사는 시대를 평가하는 건 결코 쉬운 일이 아니지만, 지배적인 예술 양식과 대중의 취향, 널리 읽히는 도서, 사회의 형태, 대중의 욕망 등에 주목해보면 약간의 통찰을 얻어낼 수 있다. 우리는 현존하는 사회문제들의 긴 목록에서 성이란 주제가 결코 끄트머리를 차지하지 않는다는 점을 발견하게 된다. 이 주제는 성 도덕의 기반을 흔듦으로써 지난 세기 동안 쌓여온 도덕적 수치심의 짐을 내려놓고 싶어 하는 사람들을 강하게 자극한다. 이런 열망과 노력이 존재한다는 사실을 단순히 부인해 버리거나, 그런 정서를 비판만 하려 들어서는 안 된다. 그런 열망이 존재하는 데에는 그 나름의 이유가 있을 것이다. 이런 움직임이 일어나는 원인을 주의 깊게 탐구해보는 것이, 인류의 도덕적 타락을 예언하는 전문적 애도가들의 한탄에 참여하는 것보다 흥미롭고 유용할 것이다. 사실 도덕가만큼 신심이 얕은 사람들도 없다. 그들은 가지를 치고, 밧줄로 묶고, 지지대를 세워야만 인류라는 아름다운 나무가 잘 자랄 것이라고 생각하기 때문이다. 하지만 아버지 태양과 어머니 대지는 인간이 깊은 의미로 충만한 그 자신만의 법칙에 따라 활기차게 자라나도록 배려해주고 있다.

심각한 사람들도 매우 실제적인 성 문제가 존재한다는 점을 인식하고 있다. 엄청난 노동 세분화로 인한 노동 방식의 변화와 도시의 급격한 성장, 국가의 산업화 및 생활 안정성 증대 등은 인류에게 정서적 에너지를 소비할 기회를 박탈해버렸다. 하지만 농부의 삶을 생각해보라. 더없이 비옥하고 변화로 가득한 일은 그 상징적 내용물을 통해 농부에게 무의식적인 만족감을 안겨다 준다. 공장 노동자나 사무원들은 아마도 이와 같은 만족감을 결코 느끼지 못할 것이다. 자연과 함께하는 삶을 생각해보라. 쟁기로 손수 밭을 갈고, 앞날의 결실을 위해 위풍당당하게 씨를 뿌리고, 자연의 파괴력 앞에 경외심을 느끼고, 일손이 되어줄 아들과 딸 들을 낳는 아내의 비옥함에 기쁨을 느끼는 그 멋진 순간들을 생각해보라. 이 모든 것에서 우리 도시 거주자들, 우리 현대의 기계들은 너무나도 멀리 떨어져 있지 않는가!

우리 자신의 씨앗에, 아이들이란 '축복'에 더 이상 순수한 기쁨을 느끼지 못하게 된 우리는 가장 자연스럽고 가장 아름다운 만족감을 이미 박탈당했다고 인정해야 하지 않을까? 이제 교묘한 책략에 의존하지 않은 결혼은 찾아보기 힘들게 되었다. 이는 어머니 자연이 자신의 자손들에게 선사한 기쁨에서 심각하게 벗어나는 일이 아닐까? 현재와 같은 상태가 과연 우리에게 만족감을 가져다줄 수 있을까? 직장으로 출근하는 사람들, 이른 아침 차 안에 있는 사람들을 관찰해보라. 그들은 카드를 만지작거리거나 관심도 없는 사소한 것들을 끄적이며 시간을 때운다. 이런 사람들이 매일같이 클럽으로 몰려든다 해서 우리가 놀라야 할까? 여성들은 작은 사교 모임에 참석해 자신들의 우상에 대해 수다를 떨면서 만족되지 못한 욕망을 채우고, 남성들은 술집에 모여들어 맥주를 마시거나 자기자랑을 늘어놓으며 욕망을 달랜다. 그런데 이처럼 불만족스러운 환경에 더 중대한 요인이 하나 추가된다. 자연은 생존의 위험을 극복하고 환경을 정복할 수 있도록 힘없고 무방비 상태에 놓인 인간에게 어마어마한 양의 에너지를 제공했다. 어머니 자연은 수많은 역경을 헤쳐나갈 수 있도록 자신의 자손들을 무장시켰고, "행복은 사실 불행의 종말과 다름없다"라고 말했을 때 쇼펜하우어(Arthur Schopenhauer)가 이해했듯, 그 역경을 극복하는 것에 값비싼 상여금을 내걸었다. 하지만 대다수 문명인은 임박한 위험에서 벗어난 상태이고, 따라서 매일같이 남아도는 에너지의 유혹을 받고 있다. 인간에 내재된 동물적 본성은 절박한 필요에 짓눌리지 않을 때마다 되살아나기 때문이다. 그렇다면 우리는 실제로 본능의 고삐를 풀어놓았는가? **우리**는 그 남아도는 생명력을 어떤 형태의 주신제(酒神祭)를 통해 배출하고 있는가? 현재의 도덕적 관점은 사실상 우리에게 그 배출구를 허용하지 않는다. 하지만 우리가 도처에서 얼마나 많은 에너지를 축적하는지 숙고해보기 바란다. 엄청난 에너지를 해소시켜주는 임신과 출산의 거부, 현대적 '노동 분업'에 의한 끝없는 단조로움과 일에 대한 흥미의 고갈, 그리고 무엇보다 전쟁, 강도, 전염병, 영유아 사망 등으로부터의 소극적 자유, 이 모든 것이 배출구를 필요로 하는 여분의 에너지를 우리 안에 쌓아놓는다. 그렇다면 우리는 이 에너지를 어떻게 해소하는가? 소수의 사람은 위험천만한 스포츠를 통해 자연 상태에서와 유사한 위험을 창조해낸다. 또한 어떤 사람들은 원초적 에너지와 비슷한 무언가를 느끼기 위해 술에 과도하게 의존한다. 그리고 다른 사람들은 맹목적 돈벌이나 병적인 과잉 노동으로 자기 자신을 소진시켜버린다. 이런 수단을 통해 그들은 광기로 이어질 수 있는 위험한 에너지의 축적을 회피하고자 노력한다. 오늘날 우리가 성을 문제시하는 건 바로 이런 이유에서다. 먼 옛날부터 인간의 에너지는 안정과 풍요의 시기가 도래할 때마다 바로 이 방향으로 향해왔다. 그런 환경에서 개체수를 늘리는 것은 단지 토끼들만이 아니다. 인간 역시 이 과잉 에너지에 농락당한다. 여기서 농락당한다고 한 건, 기존의 도덕적 관점이 사람들을 비좁은 우리 안에 가둬왔기 때문이다. 이 우리의 협소함은 가혹한 외부 여건이 훨씬 큰 제약을 가해오는 동안에는 인식되지 않는다. 하지만 요즘의 도시 사람들은 이 공간이 너무 좁다고 느끼고 있다. 그들은 온갖 유혹에 둘러싸여 있고, 피임기구나 방법 등은 보이지 않는 뚜쟁이처럼 사회 곳곳을 돌아다니고 있다. 그렇다면 도덕적 제약은 왜 가하는 걸까? 분노하는 신에 대한 두려움 때문에? 널리 퍼진 종교적 불신은 그렇다 치자. 하지만 신자들이라 하더라도 신이 24년 동안 억제해온 존과 메리의 생생한 성적 유희에 과연 벌을 내리실지 조용히 자문해보아야 할 것이다. 그런 생각은 신에 대한 우리의 정제된 개념과 더 이상 양립할 수 없다. 우리 시대의 신은 훨씬 관대하여 그런 문제에 별로 개의치 않는다(아마 교활함과 위선이 수천 배는 나쁠 것이다). 이렇게 해서 다소 금욕적이고 위선적인 우리 시대의 성 도덕은 그 근거를 뿌리째 잃게 된다. 그렇다면 혹시 우리는 지금 인간사의 무상함 등과 같은 고차원적 인식에 의해 방탕함에서 보호받고 있는 것일까? 안타깝게도 우리는 그런 지혜에서 멀리 떨어져 있다. 우리를 묶어두는 것은 차라리 전통이란 이름의 최면적 힘이다. 군중은 비겁함과 생각 없음, 습관 등을 통해 같은 길을 계속 맴돈다. 하지만 인간은 무의식 속에 시대의 향기를 간직하고 있다. 그는 자기 자신의 가능성을 감지하며, 생생한 종교적 확신에 의해 지탱되지 않는 현대의 도덕은 더 이상 유지될 수 없다는 점을 가슴 깊이 느끼고 있다. 성애적 갈등이 우리 시대에 넘쳐나는 건 바로 이런 사정 때문이다. 자유를 갈망하는 본능은 무너지는 도덕의 방벽을 뚫고 솟아오르려 하고, 인간은 그것에 유혹당한다. 그는 욕망하면서도 욕망하지 않는다. 즉 자신이 진정 욕구하는 것이 무엇인지 생각하려 들지도 않고 생각할 수도 없기 때문에, 그의 성애적 갈등은 대체로 무의식적인 것으로 남는다. 신경증은 바로 여기서 비롯되며, 따라서 신경증은 우리 시대의 문제와 긴밀히 연관되어 있다고 할 수 있다. 그것은 현시대의 문제를 풀기 위한 개인적인 노력이 실패로 돌아갔음을 나타내는 하나의 증표이다. 이 신경증은 **내적 자아**의 분열을 특징으로 하는데, 이 같은 분열은 대체로 기존의 도덕적 이상을 고수하는 의식의 하부에서 무의식이 비도덕적 이상을 추구하다 거부당할 때 발생한다. 이런 유형의 사람은 보통 자신의 본모습보다 더 도덕적으로 보이고 싶어 한다. 때로는 갈등의 성질이 역전되기도 한다. 방탕하게 살면서 성을 조금도 제어하지 않는 듯 보이지만, 내면 깊은 곳에 품격 있는 영혼을 품고 있는—이 이유는 신들만이 알 것이다—사람들도 있는 것이다. 그들의 무의식은 도덕적인 체하는 사람의 무의식처럼 다소 빗나가 있다. 따라서 의식의 극단적인 태도는 정반대되는 성질의 무의식을 암시한다고 말해도 좋을 것이다.

분석심리학의 '성애적 갈등' 개념을 밝히려면 이와 같은 일반적 언급을 할 수밖에 없었다. 이 개념은 신경증 개념에 이르는 열쇠와도 같기 때문이다. 그러면 이제 정신분석 기술에 대한 언급으로 넘어가 보기로 하자. 분명 여기서 가장 중요한 건, 환자의 '무의식'에 도달하는 최선의 길이 무엇이냐 하는 문제이다. 최초로 활용된 방법은 최면이었다. 환자는 최면적 집중에 빠진 상태에서 즉흥적으로 떠오른 환상의 내용을 말해야 했다. 이 방법은 지금도 가끔씩 활용되지만, 현존하는 기술들에 비해 원시적이고 다소 불만족스럽다. 취리히의 정신의학연구소에서 발달된 두 번째 방법은 흔히 단어 연상법[8]이라 불리는 기법으로서, 이론적·실험적 가치를 지니고 있었다. 이 기법은, 비록 표면적인 것이긴 했지만, 무의식적 갈등(콤플렉스)[9]과 관련된 광범위한 자료를 제공해주었다. 하지만 프로이트가 발견한 꿈의 해석[10]은 이보다 더 깊이 있는 기법이었다.

우리는 꿈에 대해, "건축가가 거부한 돌이 모퉁이의 초석이 되었다"라고 말할 수 있을 것이다. 꿈이란 것(덧없고 외관상 무의미해 보이는 심혼의 산물)이 지금처럼 완벽하게 무시당한 시기는 없었다. 현대 이전만 하더라도 꿈은 운명의 전조이자 위안, 신의 전령으로 깊이 존중받았다. 이제 우리는 그것을 다시 무의식의 전령으로 활용하고자 한다. 꿈은 우리에게 무의식적 자아가 의식에게 감추려 하는 비밀들을 드러내주며, 그 작업을 놀랄 정도로 완벽하게 수행해낸다.

꿈을 분석하다 보면, 우리가 기억하는 꿈의 내용이 알맹이를 감싼 껍질에 지나지 않는다는 점이 명백해진다. 하지만 일정한 기술적 규칙을 준수하면서 꿈꾼 사람에게 꿈의 세부 사항을 말하도록 하면, 그

---

8   Jung, *Diagnostiche Associationsstudien*, Leipzig: J. A. Barth. 2 volumes 참조; 융,『진단학적 단어 연상 연구』.

9   '콤플렉스' 이론은 Jung, *Psychology of Dementia præcox*에 제시되어 있다; 융,『조발성 치매의 심리학』.

10   Freud, *The Interpretation of Dreams*; 프로이트,『꿈의 해석』.

의 자유연상 내용이 특정 방향으로 나아가 어떤 주제 주위를 맴돌게 된다는 사실이 곧 밝혀진다. 이 주제들은 개인적 중요성을 지닌 것으로, 단번에 감지되지 않는 어떤 의미를 내포하고 있다. 하지만 그 내용을 주의 깊게 비교하다 보면, 그 주제들과 꿈의 표면적 내용 사이에 긴밀하고 미묘한 상징적 연관성이 존재한다는 점이 드러난다.[11] 꿈의 모든 시냇물이 모여드는 이 특정한 의미 복합체는 우리가 찾는 바로 그 갈등으로서, 현재 당면한 환경에 의해 주조된 형태를 띠고 있다. 고통스럽고 받아들일 수 없는 정신의 내용물이 이런 식으로 은폐되거나 분리되어 있는 것이다. 이 숨겨진 것을 드러내는 꿈의 작용을 소망 충족이라 부른다. 하지만 우리는 꿈속에서 충족된 소망이 **우리**의 소망과 정반대되는 것처럼 보이기도 한다는 점을 즉시 덧붙여야 한다. 예컨대 어떤 딸이 자신의 어머니를 진심으로 사랑함에도, 어머니가 죽는 꿈을 꾼다고 해보자. 그녀는 이 사실에 깊은 슬픔을 느낀다. 이런 꿈은 소망 충족과 완전히 무관한 것처럼 보이는데다, 그 발생 빈도 또한 높기 때문에 비평가들을 끊임없이 자극해왔다. 하지만 이 비평가들은 단순히 꿈의 **잠재적** 내용과 **발현된** 내용 사이의 구분을 여전히 이해하지 못하는 것이다. 이런 오류를 차단하려면, 꿈속에서 다루어진 갈등과 그 해결책 모두 무의식 고유의 특성을 나타낸다는 점을 인식해야만 한다. 꿈을 꾼 우리 환자는 사실 어머니

---

11 꿈 분석의 규칙들과 꿈의 구조 및 그 상징성 등은 하나의 과학이나 다름없다. 이는 무의식 심리학의 가장 중요한 부분 가운데 하나로, 매우 철저한 연구를 통해서만 제대로 이해할 수 있다.

에게서 벗어나고자 하는 소망을 품고 있었다. 그녀가 어머니의 죽음을 바라는 꿈을 꾼 건, 단순히 이 소망이 무의식의 언어로 번역되었기 때문이다. 이제 우리는 무의식의 특정 부분에 잃어버린 우리의 기억 전체와 성인의 삶에 적용될 수 없는 유아적 충동 전체—일련의 무자비한 유아적 욕망—가 담겨 있다는 사실을 잘 안다. 어쩌면 무의식 전반에 유아적 속성이 배어 있다고도 말할 수 있을 것이다. "아빠, 엄마가 죽으면 나랑 결혼할래?"라고 말하는 아이의 단순한 욕구가 그 예이다. 따라서 이런 유아적 소망 표현이 성인의 꿈에 나타난다면, 그것은 결혼하고자 하는 소망—어떤 이유에서든 꿈꾸는 자에게 고통을 일으키는—의 대체물로 해석되어야 한다. 결혼을 하고자 하는 생각이나 그 생각에 상응하는 의도가 '무의식으로 억압'되기 때문에, 유아적 기억들로 구성된 무의식의 재료를 활용해 유아적 방식으로 표현될 수밖에 없는 것이다. 하지만 취리히 학파의 최근 연구들이 보여주었듯,[12] 무의식의 이 내용물은 유아적 기억으로만 구성된 것이 아니라, 개인의 영역을 훨씬 넘어서는 인종적 기억까지도 포함하고 있다.

깨어 있는 동안 만족스럽게 충족되지 못했거나 '억압'당한 중요한 욕망들은 꿈속에서 상징적 대용물을 찾아낸다. 그런데 낮 동안에는 보통 도덕적 성향이 지배적이므로, 꿈속에서 상징적으로 만족을 얻고자 하는 이 욕망들은 대체로 성애적인 성향을 나타내 보인다. 따

---

12 Jung, *The Psychology of the Unconscious* 참조; 융, 『리비도의 변환과 상징』.

라서 꿈의 상징성을 이해하는 사람 앞에서 자신의 꿈 이야기를 하는 건 다소 경솔한 일이 될 수 있다. 꿈의 규칙을 아는 사람에게는 그 상징의 의미가 극도로 명료하게 드러나는 경우가 잦기 때문이다! 매우 흔히 발생하는 '불안-꿈'들이 가장 대표적인 예인데, 이런 꿈은 언제나 강력한 성적 소망을 상징적으로 표현해낸다.

꿈은 때로 아무 의미도 없어 보이는 세부 내용을 연출함으로써 터무니없다는 인상을 전해주기도 하고, 완전히 이해 불가능한 내용을 나타냄으로써 우리를 놀라게 하기도 한다. 따라서 꿈의 상징을 하나하나 풀어나가는 진지한 작업에 착수하려면, 꿈에 대한 우리 내면의 저항감부터 극복할 필요가 있다. 하지만 오랜 작업 끝에 꿈의 진정한 의미를 이해하고 나면, 우리는 꿈꾸는 자의 비밀이 놓인 심장부에 단번에 자리 잡았음을 깨닫게 되며, 외관상 무의미해 보이는 꿈이 풍부한 의미로 가득 차 있고, 엄청나게 중요한 심혼의 문제들을 표현해낸다는 사실에 놀라게 된다. 그리고 꿈에 대한 이런 지식을 얻고 나면, 우리는 이성 중시 풍조로 인해 최근까지 간과되어온 꿈의 의미에 관한 오래된 미신들에 더 큰 신뢰를 보낼 수밖에 없게 된다.

프로이트가 말했듯이, "꿈의 해석은 무의식에 이르는 **왕도**"이다. 꿈 분석은 우리를 개인적 비밀의 심층으로 안내해준다. 따라서 그것은 심리치료자와 교육자에게 더없이 귀중한 도구라 할 수 있다. 이 방법에 반대하는 사람들의 반론은, 쉽게 예상할 수 있듯, 지적인 논증에 기반을 두고 있는데, 이런 논증은 개인적 느낌의 저류를 무시하는 현대의 학문적 편견을 고스란히 드러내준다. 그런데 우연찮게도 그 기만적인 도덕과 위선적인 가식을 무자비하게 벗겨 개인적 인격의 저변부를 폭로해주는 것이 바로 꿈의 분석 자체이다. 사정이 이러하거늘, 많은 사람이 발가락을 고통스럽게 찍힌 듯한 느낌을 받는다고 해서 우리가 놀랄 필요 있겠는가? 꿈의 분석에 대해 생각할 때면 나는 항상 바젤 성당에 있는 '육체적 쾌락(Carnal Pleasure)'이란 조각상을 떠올리게 된다. 이 충격적인 조각상은 앞면에 고대식 조각의 달콤한 미소를 머금고 있지만, 뒷면은 개구리와 뱀으로 뒤덮여 있다. 꿈의 분석은 이 상을 역전시켜 단번에 반대편 모습을 드러내준다. 이와 같은 현실 교정의 윤리적 가치는 반박 불가능하다. 고통스럽지만 지극히도 유익한 이런 기능은 의사와 환자 모두에게 엄청난 것을 요구해온다.

정신분석은, 우리가 그것을 하나의 치료 기술로 간주하는 한, 주로 수많은 꿈에 대한 분석 작업으로 구성된다. 환자가 치료 기간에 꾸는 꿈은 무의식의 내용물을 이끌어내 일종의 살균력을 지닌 의식의 태양빛에 노출시킬 수 있도록 해주는데, 이 과정에서 환자는 잃어버렸다고 믿던 많은 가치 있는 것들을 다시금 발견하게 된다. 자기 자신에 대한 특정 입장을 고수해온 사람들이 정신분석을 때때로 고문처럼 느낀다는 사실은 놀랄 일도 아니다. "받고자 한다면 지닌 것부터 내려놓으라"는 신비로운 고대의 경구가 나타내는 것처럼, 더 깊고 섬세하고 장대한 무언가가 드러나길 바란다면, 소중하게 보호해온 그 모든 환상부터 포기할 필요가 있기 때문이다. 자기희생이란 신비를 거쳐야만 '부활'도 가능해지는 것이다. 그것은 진정 정신분석 치료를 통해 다시 빛을 보게 된 고대의 지혜이다. 비록 정신분석이 한층 더 깊이 파고들긴 하지만, 여러 면에서 소크라테스의 기술[13]에 비유될 수 있는 이런 형태의 심리적 재교육이 지금과 같은 현대 문명의 절정기에 요구된다는 건 실로 흥미로운 일이 아닐 수 없다.

우리는 항상 환자에게서 어떤 갈등을 발견하게 된다. 그런데 이 갈등은 특정 지점에서 사회의 커다란 문제와 연결되어 있다. 따라서 분석이 이 지점에 다다를 때면, 분석가는 외관상 개인적 갈등인 것처럼 보이는 문제가 사실 사회 환경과 시대 전체의 보편적 문제임을 알아차리게 된다. 따라서 엄격히 말하자면, 신경증은 이 보편적 문제를 해결하고자 하는 개인적 시도, 미숙한 시도나 다름없다. 그것은 그럴 수밖에 없다. 왜냐하면 보편적 '문제'라는 것은 그 자체로 존재할 수 있는 것이 아니라, 각자의 가슴과 머릿속에만 존재할 수 있기 때문이다. 그런데 환자를 괴롭히는 이 '문제'는—좋든 싫든 간에—'성적인' 문제이고, 더 정확히 표현하자면, 현대 성도덕의 문제이다. 생동하는 삶과 인생의 기쁨을 갈망하는 환자는 현실이 부과하는 필요한 제약 조건은 견뎌낼 수 있지만, 동물적 본능의 어둠 깊은 곳에서 솟아나는 창조적 심혼을 지나칠 정도로 억누르는 현대 성도덕의 임의적이고 근거 없는 금기는 받아들이지 못한다. 신경증 환자들은 아무런 의미도 찾을 수 없는 임의적 금기를 견뎌내지 못하는 **어린아이의 영혼**을 자신의 내면에 품고 있기 때문이다. 그들은 세상의

---

13 [역주] 문답법이나 산파술 같은 제자를 가르치는 구체적인 방법을 의미한다.

도덕률대로 따르고자 시도하지만, 그 노력을 통해 내적인 분열과 갈등 속으로 더 깊이 굴러떨어지고 만다. 그들은 한편으로는 자기 자신을 억압하면서, 다른 한편으로는 자기 자신을 해방시키고자 노력하는데, 이 갈등이 다름 아닌 신경증이다. 만일 이 갈등이 의식에 전적으로 명료하게 드러난다면, 그것은 물론 신경증 증상을 전혀 유발하지 않을 것이다. 신경증은 우리가 우리 인격의 이면과 그 어두운 이면이 당면한 문제의 심각성을 보지 못할 때만 일어난다. 증상은 오직 이런 조건에서 일어나 심혼의 알려지지 않은 측면을 부분적으로 표현해낸다. 따라서 증상은 무의식적 욕망의 간접적 표현이라 할 수 있다. 만일 이 욕망이 의식되었더라면 그것은 당사자의 도덕적 견해와 첨예하게 대립했을 것이다. 이미 말했듯이 영혼의 이 어두운 측면은 의식의 범위에서 벗어나 있기 때문에, 환자는 그것을 다룰 수도, 교정할 수도, 포기할 수도 없다. 그 무의식적 충동을 **소유**하고 있지 않기 때문이다. 의식적 영혼의 층에서 억압됨으로써 그것은 **자율성을 지닌 콤플렉스**가 되었고, 이 콤플렉스는 엄청난 저항이 수반되기 마련인 무의식의 분석 작업을 통해서만 다시 의식의 통제 아래 놓일 수 있다. 엄청나게 많은 수의 환자가 자신에게는 성적 갈등 같은 것이 존재하지 않는다고 자랑한다. 그들은 성이 하찮은 것이라고, 자기는 성욕 같은 것에 아무런 관심도 없노라고 단언한다. 이런 사람들은 히스테리성 변덕, 주변 사람과 자신을 고통스럽게 하는 속임수, 신경성 위장 염증과 신체 통증, 이유 없는 짜증 등 기원이 알려지지 않은 다른 문제들이 자신의 행로를 방해하고 있다는 사실은 보지 못한다.

이 모든 문제는 그들 내면에 성적 갈등이 존재한다는 점을 드러내주는 증상이다. 이 엄청난 성적 갈등을 피할 수 있는 사람은 운명의 혜택을 받은 소수의 사람들뿐이다.

이미 분석심리학은 지금까지 잘 억압되어온 동물적 본능을 해방시켜 인간에게 해악을 초래한다는 비난을 받은 바 있다. 이 어린애 같은 걱정은 현존하는 도덕의 유효성에 대한 신뢰가 얼마나 빈약한지를 분명히 드러낸다. 그들은 오직 도덕만이 인간을 방탕함에 빠지지 않도록 막아줄 수 있다고 주장하지만, 사실 훨씬 효율적인 규제 수단은 현실적인 **필요**이다. 이 필요는 그 어떤 도덕 원칙보다 설득력 있고 현실적인 경계를 설정해준다. 분석이 동물적 본능을 해방시킨다는 건 사실이다. 하지만 일부 사람들이 말하듯이 그런 본능을 날뛰게 하기 위해 해방시키는 것은 아니다. 분석은 그 본능을 더 높은 목적에 이용 가능하도록 만들기 위해, 그와 같은 '승화'가 요구되는 한도 내에서, 그리고 개인에게 그럴 능력이 있는 한도 내에서 작업을 수행한다. 어떤 상황에서든 자기 자신의 인격 전체를 소유한다는 건 유익한 일이다. 그렇지 않으면 억압된 욕망이 가장 심각한 방식으로, 우리 자신의 가장 취약한 바로 그 지점에서 솟아나 우리의 앞길을 가로막기 때문이다. 그보다는 자기 자신을 너그럽게 받아들이는 법을 배우는 편이 훨씬 낫다. 어려움을 환상 속에서 끝없이 되풀이하면서 자기 자신과 전쟁을 하는 것보다는, 내면의 어려움을 현실적 어려움으로 변환하는 편이 훨씬 낫다. 그러면 적어도 그는 삶을 살게 될 것이고, 무의미한 투쟁으로 자기 자신을 소진시키지 않게 될 것이다.

하지만 그것이 전부는 아니다. 사람들이 자기 자신의 어둡고 비루한 측면을 인식하도록 교육받는다면, 그들은 동료 인간을 더 잘 이해하고 사랑하는 법 또한 배우게 될 것이다. 사실, 자기 자신에 대한 관용의 증대와 위선의 감소는 이웃을 향한 너그러움으로 이어질 수밖에 없다. 인간에게는 자기 자신의 본성에 가하는 폭력과 멸시를 다른 사람들에게까지 연장하는 경향이 있기 때문이다.

프로이트의 억압 이론은 사실상 너무 도덕적이어서 자신의 자연스러운 본능을 끊임없이 억압하는 사람들만 존재한다고 전제하는 듯 보인다. 이런 견해대로라면 자연스러운 본능의 고삐를 완전히 놓아버린 비도덕적인 사람은 신경증에 걸리지 말아야 할 것이다. 하지만 일상의 경험은 결코 그렇지 않다는 사실을 드러낸다. 그런 사람 역시 다른 사람들만큼이나 신경증적일 수 있는 것이다. 그를 분석해보면 우리는 억압된 것이 그의 본능이 아니라 정중함임을 발견하게 된다. 따라서 신경증에 걸린 비도덕적인 사람은 니체(Friedrich Wilhelm Nietzsche)가 "창백한 범죄자"라고 적절히 묘사한 인간 유형, 자신의 행실과 같은 수준에 살지 않는 인간 유형[14]을 대변해준다고 할 수 있을 것이다.

이런 견해가 제기될 수 있다. 그런 경우 억압된 정중함의 잔재는 자연스러운 본능을 불필요하게 옭아매는 유아적 전통 유산에 불과하기 때문에 없애버려야 한다고. '미신을 타파하라'는 이런 태도야

---

14 Nietzsche, *Thus spake Zarathustra*, p. 40; 니체,『차라투스트라는 이렇게 말했다』.

말로 '본성대로 살라'는 이론의 한 극단일 것이다. 이는 분명 완전히 환상적이고 터무니없는 태도이다. 우리는 도덕성이 시나이 산 꼭대기에서 석판에 새겨져 사람들에게 부과된 것이 아니라, 인간 자신만큼이나 오래된 인간 영혼의 한 기능이라는 사실을 잊지 말아야 한다. 특히 프로이트 학파는 이 점을 기억할 필요가 있다. 도덕성은 결코 밖에서 심은 것이 아니다. 인간은 애초부터 그 자신 내면에 그것을—물론 도덕 법칙 자체가 아닌 도덕성의 정수를—품고 있었다.

결국, 자기 자신의 천성에 따라 살라는 것보다 더 도덕적인 관점이 어디 있겠는가? 이보다 영웅적인 도덕률이 과연 존재하는 것일까? 영웅적이었던 니체가 도덕 문제에 대해 특히 편파적이었던 건 바로 이 때문이다. "신께서 나를 본능에 따르지 않도록 보호해주신다"라고 말하면서 높은 도덕적 기준을 충족시키고 있다고 생각하는 사람들은, 사실 인간적 비겁함에 굴복한 것에 지나지 않는다. 그들은 자기 자신의 본성에 따르는 삶이 훨씬 고되고 위험하다는 사실을 잘 모르고 있다. 그런 삶은 당사자를 기존의 통념에서 다소 이탈시키는 모험적 삶이다. '본성대로 살라'는 이 이론의 용납할 수 없는 실수는, 지나치게 높고 영웅적인 이상을 대중에 부과하려 했다는 점뿐이다. 따라서 대다수의 비도덕적 인간은, 도덕적 인간이 지하 세계에 있는 악마들과 타협을 이루기 위해 최선을 다해야 하는 것처럼, 무의식의 도덕적 교정 기능을 받아들이기 위해 노력하는 수밖에 없을 것이다. 프로이트 학파가 성욕이 신경증 발생에서 담당하는 근본적이고 심지어 배타적이기까지 한 중요성을 확신했다는 점, 그리고 이를 통해

현시대의 성도덕을 영웅적으로 공격함으로써 그 확신에 따르는 결과들을 대범하게 감내했다는 점은 부인할 수 없는 사실이다. 이 주제를 놓고 현재 수많은 의견이 오가고 있다. 하지만 중요한 건 성도덕의 문제가 광범위한 논의의 대상으로 자리 잡았다는 사실 자체이다. 이는 유용하고 필요한 일임에 틀림없다. 우리가 지금까지 지녀온 건 사실 성도덕이 아니라 극도로 미분화된 야만적 관점에 지나지 않기 때문이다. 중세 시대에만 해도 고리대금업은 철저한 경멸의 대상이었다. 당시에는 금융과 관련된 도덕률이 섬세하게 분화되어 있지 않았기 때문이다. 당시에는 일종의 덩어리-도덕률만이 존재했다. 이와 마찬가지로, 현대에는 성도덕이 오직 미분화된 덩어리 형태로만 존재한다. 사생아를 낳은 소녀는 일단 경멸부터 당하며, 사람들은 그녀가 실제로 어떤 사람인지는 묻지도 않는다. 또한, 법적 승인을 얻지 못한 모든 사랑은 무조건 부도덕한 것으로 간주되며, 그 당사자들의 실제 인품은 문제시조차 되지 않는다. 거친 일반화에 완전히 마비된 나머지, 개인의 인격을 망각할 정도가 되어버린 것이다.

그러므로 현대 성도덕에 대한 비판과 토론은 사실상 진정으로 윤리적이고 분화된 성 개념을 형성하도록 촉구하는 하나의 도덕적 행위라 할 수 있을 것이다.

앞서 말했듯, 프로이트는 자아와 자연적 본능 간의 엄청난 갈등을 주로 성적인 측면에서 바라보았다. 물론 그런 측면은 존재한다. 하지만 여기에도 의문의 여지는 남는다. 성적인 외양을 띠고 나타나는 것이 항상 본질적으로 성적인 것은 아니기 때문이다. 하나의 본능이 다른 본능으로 위장하는 것은 얼마든지 있을 수 있는 일이다. 프로이트 자신도 주목할 만한 위장의 사례를 몇 차례 제시한 바 있다. 그는 이런 사례를 통해 인간 행위의 상당 부분이 중요한 원초적 욕구를 은폐하기 위한 상징적 대체물에 불과하다는 점을 설득력 있게 보여주었다. 대체물의 정체가 폭로되지 않는 건 인간 상호 간의 배려심 덕분이다. 따라서 우리는 성욕 같은 원초적 욕구가, 더 중요하면서도 더 불쾌한 다른 욕망을 은폐하기 위한 수단으로 내세워질 가능성도 염두에 두어야 한다. 원초적인 것은 무조건 본질적이라는 환상까지 경계해야 하는 것이다.

어쨌든 이 성 이론은, 비록 일방적이긴 해도, **특정 지점까지는** 완전히 옳다고 할 수 있다. 따라서 **성 이론을 거부하는 것은 그것을 보편적인 것으로 받아들이는 것만큼이나 부당하다**고 할 수 있다.

3장 또 다른 관점: 권력에의 의지

지금까지 주로 프로이트의 관점에서 무의식 과정의 심리학을 살펴보았다. 그리고 이를 통해 약간의 진실을, 문명화된 의식은 거부하고 싶어 하지만, 우리 안의 다른 무언가는 수긍하는 그런 진실을 얻어낼 수 있었다. 일부 사람들은 이 같은 사실에 극도의 반감과 저항을 느낄 것이고, 어쩌면 조금도 인정하고 싶지 않은 이 진실에 두려움마저 느낄 것이다. 사실 이런 갈등을 인정하는 것은 다소 무시무시한 일이다. 그것은 결국 자신이 본능에 휩쓸려버릴 수도 있다고 시인하는 것이기 때문이다. 하지만 본능에 휩쓸릴 수 있다는 고백이 무엇을 뜻하는지 제대로 이해된 적이 있기나 한가? 니체는 그렇게 본능에 휩쓸리기를 욕구했고, 그런 삶을 더없이 진지하게 지지한 인물이다. 그는 초인이라는 이상을 위해 보기 드문 열정으로 자신의 인생 전체를 희생하기까지 했다. 자신의 본성에 복종함으로써 자기 자신을 초극하는 인간이란 관념에 전 인생을 내건 것이다. 하지만 그의 삶은 어떠했던가? 초극되기를 거부한 줄타기 곡예사의 치명적 추락을 언급한 차라투스트라의 구절은 그 자신의 운명에 대한 예언이 되어버렸다. 차라투스트라는 죽어가는 곡예사에게 이렇게 말한다. "그대의 영혼이 그대의 몸보다 먼저 죽게 될 것이오." 그리고 훗날 난쟁이는 차라투스트라에게 말한다. "오, 차라투스트라, 그대 지혜의 돌이여! 그대는 자신을 높이도 던지시는군요. 하지만 던진 돌은 떨어지기 마련! 그대는 자신의 행위에 짓눌리고 말 것이오. 오, 차라투스트라여, 그대는 돌을 높이 던져 올렸으나, 그 돌은 결국 **그대 자신**에게로 되돌아오리다!"

니체가 '이 사람을 보라'고 외쳤을 때는 이미 너무 늦었다. 그의 영혼은 몸이 죽기도 전에 십자가에 못박히고 말았다. 삶의 본능을 긍정하라고 가르친 그는 자신의 가르침이 자기 자신에게 어떤 영향을 미치는지 비판적으로 바라봤어야 했다. 하지만 그의 삶을 권력의지라는 관점에서 고려하면, 우리는 그가 **본능 너머**에서 살았다고, 영웅적 '숭고함'의 대기를 숨쉬면서 살았다고 말해야 할 것이다. 이런 더없는 숭고함은 극도로 신중한 식사와 까다롭게 고른 환경, 그리고 무엇보다도 다량의 진정제라는 수단을 통해서만 유지될 수 있었다. 결국 이런 삶의 긴장감은 그의 두뇌를 산산이 부숴놓았다. 그는 긍정을 이야기했지만 부정을 살았고, 사람들—특히 본능에 따라 사는 동물적인 인간—에 대한 그의 공포는 그 정도가 지나친 것이었다. 또한, 그는 종종 공상 속에 나타난 두꺼비를 삼켜야만 한다고 느꼈으나 결국 삼키지 못했고, 차라투스트라의 사자는 '보다 높은 인간'을 부르짖었으나 그 자신은 무의식의 심연 속으로 굴러떨어지고 말았다. 니체의 삶이 그 가르침의 진실성을 뒷받침해주지 못하는 건 바로 이런 이유에서다. '보다 높은 인간'이라면 진정제 없이도 잠을 잘 수 있어야 할 것이고, '개구리와 그림자들'에도 불구하고 나움부르크나 바젤에 머물 수 있어야 할 것이다. 보다 높은 인간도 여전히 여인과 자식을 원할 것이고, 무리 속에서 인정받아야 할 필요성을 느낄 것이며, 평범한 것들을 갈망할 것이다. 하지만 니체는 바로 이런 본능을 인식하지 못했다. 자연스러운 동물적 본능들을 대부분 무시해버린 것이다.

그렇다면 그는 대체 어떤 식으로 산 것일까? 자연스러운 본능을 거부했다고 니체를 비판하는 것이 과연 정당한 일일까? 그 자신은 이런 비판에 결코 동의하지 않을 것이다. 사실 그는 별 어려움 없이 자신의 본능에 따라 살았다는 점을 증명해 보이기조차 할 것이다. 하지만 정말로 자신을 인간적 본성에 내맡겼다면, 그는 대체 왜 인간들에게서 고립된 것일까? 왜 인간 군집에서 떨어져 나와 인간을 혐오하고 경멸하면서 절대적인 고립 상태 속으로 빠져든 것일까? 독자들은 아마도 본능이 인간을 결합시키고, 아이를 생기게 하며, 쾌락과 활력, 감각적 욕망의 만족 등을 가져다줄 것이라고 생각했을 것이다. 하지만 우리는 이것이 사실 본능이 향할 수 있는 방향의 반쪽에 불과하다는 점을 간과해왔다. 본능에는 종족 보존을 위한 본능(성적 본능)만 있는 것이 아니라, 자기 보존을 위한 본능도 있다.

니체가 말한 본능은 분명 이 후자의 본능, 즉 권력의지이다. 그 외의 다른 본능은 그에게는 이 권력의지의 부산물에 불과하다. 하지만 프로이트의 성 심리학 관점에서 보면 이것은 심각한 오류이다. 그것은 생물학의 오용이며, 퇴폐적이고 신경증적인 인간의 판단 착오일 뿐이다. 성 심리학의 지지자들이라면 지나치게 고귀하고 지나치게 영웅적인 것—세계와 삶에 대한 니체의 개념처럼—이 억압의 산물이란 점을 별 어려움 없이 증명할 것이다. 그들에게는 그 고귀함이 '본능'의 왜곡, 성 심리학이 근본적인 것으로 간주하는 바로 그 본능의 왜곡에 지나지 않는다.

이는 우리를 인식의 문제로 이끌어준다. 아니, 그보다는 차라리 세상을 바라보는 다양한 관점의 문제라고 말하는 편이 낫겠다. 니체 같은 인물의 삶을 함부로 판단하는 것은 결코 용납될 수 없는 일이기 때문이다. 그는 시작부터 운명에 찬 종말에 이르기까지 권력의지라는 근원적 본능에 따라 더없이 진지하게 삶을 영위해나갔다. 이처럼 보기 드문 삶을 단순한 하나의 은유로 해석하려 드는 것은 어떤 식으로도 정당화할 수 없는 일일 것이다. 잘못하면 우리는 니체가 그의 대극이었던 리하르트 바그너(Richard Wagner)에게 가한 부당한 비난을 반복하게 될 수 있다. 니체는 바그너에게 이렇게 말했다. "그에게 있는 모든 것이 거짓이오. 진실된 것은 숨겨져 있거나 위장되어 있소. 그는 한 명의 배우, 그 말의 모든 좋거나 나쁜 의미에서 배우일 뿐이오." 왜 이런 비난을 가했을까? 그것은 바로 바그너가 또 다른 근원적 본능의 완벽한 대변자였기 때문이다. 니체는 이 본능을 간과했지만, 프로이트의 심리학은 이 본능을 근본적인 것으로 간주했다. 그렇다면 프로이트 역시 반대편 본능―권력의지―을 간과한 것일까? 그렇지는 않다. 프로이트는 그 본능을 자아 본능이란 이름에 포함시켜 놓았다. 하지만 프로이트의 심리학에서는 이 자아 본능의 존재성이 너무나도 모호하다. 그것은 포괄적이고, 사실 지나칠 정도로 광범위한 '성' 옆에 그저 붙어다닐 뿐이다. 하지만 사실 우리 내면에서는 자아 원리와 무정형적 본능 간의 잔혹한 전쟁이 끝없이 이어지고 있다. 자아는 모든 것을 가로막고, 본능은 한계를 모르는데, 이 두 원리 모두 엄청나게 강력하다. 따라서 하나의 본능만 의식하는 사람은, 어떤 의미에서는, 운이 좋은 사람이라 할 수 있을 것이다. 영리한 자라면 다른 본능을 알려 들지 않을 것이다. 하지만 만일 그가 결국 반대편 본능을 인식하게 된다면, 그는 완전히 길을 잃고 말 것이다. 파우스트적 갈등 상황 속으로 휘말렸기 때문이다. 괴테(Johann Wolfgang von Goethe)는 『파우스트Faust』의 첫 번째 장에서 본능의 수용이 어떤 결과를 가져오는지 보여주었고, 두 번째 장에서는 자아와 자신의 으스스한 무의식 세계를 받아들인다는 것이 어떤 의미인지 보여주었다. 우리 내면의 겁 많고, 사소하고, 평범한 모든 부분은 이런 가능성을 대하면 움츠러들 것이고, 그것을 피하려고 할 것이다. 그런데 그렇게 피할 수 있게 해주는 감탄스러운 수단이 하나 존재한다. 우리 내면의 그 다른 측면을 '다른 사람'―경멸스럽고 불쾌한 모든 것을 생각하고, 느끼고, 욕구하는 동료 인간―에서 찾으면 되는 것이다. 골치 아픈 유령은 이렇게 포획되며, 당사자는 만족스럽게 그 사람을 상대로 싸움을 벌여나갈 수 있게 된다. 도덕의 역사에 간직되어온 특이한 인격 간의 대립은 바로 이렇게 형성된다. 앞서 언급한 니체와 바그너의 사례는 그 대립이 특히 명료하다. 하지만 평범한 인간의 삶에도 그런 사례들이 넘쳐난다. 인간이 파우스트적 비극—그에게는 그런 도전에 직면할 용기와 힘이 결여되어 있다—에서 자기 자신을 구출하는 건 바로 이런 수단을 통해서이다. 하지만 신중한 사람은 외부에 있는 최악의 적들조차 '가슴속에 있는' 단 한 명의 적, 즉 그 자신의 본성에는 못 미친다는 점을 분명히 안다. 니체는 무의식적으로 **자기 자신 속에** 바그너를 품고 있었다. 그래서 그가 바그너의 오페라 〈파르지팔Parsifal〉을 시기한 것이다. 하지만 더 나쁜 것은 그가 내면에 바울(Paul)을 품은 사울(Saul)이었다는 점이다. 그가 성은을 입은 추방자가 된 것은 바로 이 때문이다. 그의 '또 다른 자아'가 '이 사람을 보라'고 영감을 주었을 때, 니체도 사울처럼 그리스도화(Christification)를 경험해야 했던 것이다. 그렇다면 '십자가 앞에서 무너져내린' 것은 그의 어떤 인격일까? 바그너일까, 니체일까?

프로이트의 초기 제자 중 한 명인 아들러(Alfred Adler)가 오직 권력 원칙에만 기반을 둔 신경증 이론을 세운 건 거의 필연적인 일이었다.[15] 취하는 관점에 따라 똑같은 현상이 어느 정도까지 달라 보일 수 있는지 관찰하는 것은 흥미롭고 매혹적이다. 나는 이들 간의 주된 차이점을 강조하기 위해, 프로이트가 모든 현상을 전에 일어난 사건의

---

15 Adler, *Ueber den nervösen Charakter*.

엄격한 인과적 결과로 보았다는 점부터 환기하고자 한다. 반대로 아들러는 모든 현상을 마침내 달성된 '배열(arrangement)' 또는 계획으로 보았다. 간단한 예를 들어보기로 하자. 언제부턴가 한 젊은 여인이 공포 발작으로 고통받기 시작했다. 그녀는 한밤중에 악몽에서 깨어나 귀청이 찢어지도록 울부짖곤 했다. 스스로를 달래며 남편에게 의지했고, 남편에게 자신을 떠나지 말라고 호소하면서 끊임없이 사랑을 확인하려 들었다. 이와 함께 신경증적 천식 증세도 나타나기 시작했는데, 이 천식 발작은 주로 낮에 찾아왔다.

이런 경우 프로이트의 심리학은 즉시 질병의 내적 인과관계부터 파고들기 시작한다. 즉 그들은 최초로 꾼 불안-꿈의 내용이 무엇인지부터 묻는다. 이 사례에서 우리 환자는 야생 황소와 사자, 호랑이, 나쁜 남자 등을 꿈의 내용으로 떠올렸다. 그러면 이 환자는 그 내용들에서 무엇을 연상했을까? 그녀는 결혼 전에 일어난 일에 대해 이야기를 늘어놓았다. 그 이야기는 다음과 같다. 그녀는 산속에 있는 여름 휴양지에 머물고 있었다. 사람들은 서로 테니스 경기를 벌였고, 사교적인 분위기가 무르익었다. 그중에 테니스 솜씨가 좋은 젊은 이탈리아 남자도 있었는데, 그는 저녁 무렵에 손수 기타 연주까지 담당했다. 남녀 간에 무해한 연애 분위기가 생겨났고, 그들은 밤중에 같이 달빛을 맞으며 길을 걸었다. 그런데 이때 이탈리아인 특유의 호색적 기질이 '예기치 않게' 모습을 드러내고 말았다. 순수했던 젊은 남자는 순식간에 사라져버렸고, 그녀는 엄청난 공포에 휩싸였다. 그녀는 자신을 바라보던 그 '동물 같은 눈빛'을 결코 잊을 수 없었다. 그 눈빛은 꿈속에서까지 그녀를 따라다녔다. 그녀를 괴롭힌 야생동물들이 바로 그 눈빛을 하고 있었던 것이다. 그렇다면 그녀가 두려워한 그 눈빛은 정말 그 이탈리아인에게서 비롯된 것일까? 또 다른 기억이 우리에게 실마리를 제공해준다. 이 여성 환자는 열네 살 무렵 사고로 아버지를 잃었다. 아버지는 모험을 즐기는 남성으로 세계 곳곳을 돌아다녔다. 죽기 얼마 전 그는 딸과 함께 파리로 가서 폴리베르제르 극장을 방문했는데, 이곳에서 우리 환자에게 깊은 인상을 남긴 일이 벌어졌다. 그들이 극장을 나서는 동안 얼굴이 달아오른 한 여성이 아버지를 향해 노골적으로 몸을 밀착시킨 것이다. 그녀는 아버지가 어떤 반응을 보일지 불안해하면서 아버지를 바라보았는데, 거기서 바로 그 동물적 시선을 발견하게 되었다. 그때부터 설명할 수 없는 무언가가 밤낮으로 그녀를 따라다녔고, 아버지를 대하는 그녀의 태도도 역시 완전히 변하게 되었다. 그녀는 짜증과 독기로 가득 찬 순간과, 아버지에 대한 무절제한 사랑에 휩쓸린 순간을 수시로 오고갔다. 또한, 원인 모를 울음을 갑자기 터뜨렸고, 아버지가 집에 있을 때마다 식탁 앞에서 질식 발작을 일으켰다. 발작 후에는 보통 하루나 이틀 동안 목소리를 내지 못했다. 아버지가 갑자기 돌아가셨다는 소식이 전해졌을 때, 그녀는 제어할 수 없는 슬픔에 사로잡혔다. 하지만 이 슬픔은 히스테리적인 웃음으로 끝을 맺었다. 그럼에도 그녀는 곧 진정을 되찾았다. 상태는 급속도로 호전되었고, 신경증적 증상은 거의 완전히 사라져버렸다. 망각의 베일이 과거를 덮어준 것만 같았다. 오직 그 이탈리아 남성과의 경험만이 그녀가 두려워하던 무언가를 다시 일깨워주었다. 이후 그녀는 그 남성과의 관계를 완전히 청산했다. 그리고 몇 년 뒤에는 다른 남성과 결혼했다. 지금 겪는 신경증은 둘째 아이를 출산한 이후, 즉 남편이 다른 여성에게 부드러운 관심을 보인다는 사실을 알아챈 순간 시작되었다.

이 사례는 수많은 의문을 불러일으킨다. 예컨대 우리는 그녀의 어머니에 대해 무엇을 아는가? 일단 그녀의 어머니는 매우 불안한 성격이었다. 온갖 종류의 정신 치료를 경험했으며, 불안 증상과 함께 신경증적 천식 증세도 지니고 있었다. 또한 우리 환자가 기억하는 한, 어머니는 아버지와 매우 부자연스러운 관계를 맺고 있었다. 그녀의 어머니는 아버지를 잘 이해하지 못했으며, 우리 환자는 항상 자신이 아버지를 더 잘 안다고 느끼고 있었다. 우리 환자는 공공연히 아버지의 애호를 받았고, 따라서 어머니에 대해서는 내심 차가운 태도를 유지해왔다.

이런 사실은 질병의 의미를 이해하는 실마리가 되어준다. 이 증상은, 외관상 그 젊은 이탈리아 남성과 연관된 듯 보이지만, 사실 그녀의 아버지와 훨씬 밀접하게 연관된 환상들이 배후에 자리 잡고 있다. 아버지의 불행한 결혼이 어린 딸에게 어머니의 자리를 대신 차지할 수 있도록 기회를 제공해준 것이다. 물론 이 같은 정복 욕구의 배후에는 아버지에게 정말로 어울리는 여성이 되고 싶다는 환상이 숨어 있었다. 최초의 신경증 발작은 이 환상에 충격이 가해진 순간 촉발되었는데, 아마도 그 발작은 그녀의 어머니가 경험한 것(하지만 딸에게는 알려지지 않은)과 비슷한 종류일 것이다. 그녀의 증상은 거부당한 사랑 또는 좌절된 사랑의 표현으로 쉽게 이해될 수 있다. 보통 질식 증상은 목이 조이는 듯한 느낌을 기초로 하며, 이 느낌은 '삼킬(swallow)' 수 없는 강한 충격에 수반되는 것으로 널리 알려져 있다. 언어적 은유는 그와 유사한 생리적 현상과 관련을 맺는 경우가 많다. 한편, 아버지가 죽었을 때 그녀의 의식은 깊은 슬픔에 잠겼지만, 무의식은 도리어 웃음을 터뜨리고 말았다. 이는 언덕을 내려갈 때는 슬퍼하다가 힘들여 언덕을 오를 때는 내리막길을 고대하며 기뻐하던 틸 오일렌슈피겔(Till Eulenspiegel)[16]의 태도를 연상시킨다. 또한, 이 어린 소녀는 아버지가 집에 있을 때는 기분이 저조하고 아팠지만, 아버지가 집에 없을 때는 기분이 훨씬 나아졌다. 마치 상대에게 그다지 의지하지 않는다는 비밀을 숨기고 사는 수많은 남편과 부인처럼 행동한 것이다.

아버지의 사망 이후 그녀의 건강이 크게 호전되었다는 사실은 무의식에게 어느 정도 웃을 권리가 있었다는 사실을 입증해준다. 아무튼 그녀는 지나간 모든 일을 지하실 문 아래로 밀어넣는 데 일단 성공했다. 하지만 젊은 이탈리아 남성과의 경험은 그 위험천만한 지하 세계를 다시 자극하고 말았다. 그렇지만 그녀는 재빨리 문고리를 잡아당겨 지하실 문을 굳게 닫아버렸다. 이후 아내이자 어머니로 안정된 삶을 영위하면서, 자신이 곤경에서 완전히 벗어났다고 생각했다.

---

16 [역주] 독일 통속문학에 등장하는 주인공의 이름으로 실존 인물이었다고 한다. 그가 친 장난으로 인해 많은 설화가 탄생했다고 한다.

신경증이란 괴물이 다시 기어 올라오기 전까지는 말이다. 성 심리학은 신경증의 근본적인 원인을 이 환자가 여전히 아버지에 얽매여 있다는 사실에서 찾는다. 아버지에게서 받은 깊은 인상과 동일한 무언가를 그 이탈리아인에게서 발견했을 때, 오래전의 경험이 되살아난 건 바로 이 때문이다. 오래전의 기억이 다른 남성과의 유사한 경험을 통해 되살아나 신경증의 시발점으로 작용한 것이다. 따라서 이 경우 신경증의 내용 및 원인은 아버지와의 유아-성애적 환상과 남편에 대한 사랑 사이의 갈등에 놓여 있다고 말할 수 있을 것이다.

하지만 이 질병의 진행 과정을 권력의지라는 다른 본능의 관점에서 고려해보면, 완전히 다른 그림이 그려진다. 이 관점의 지지자들은 부모의 불행한 결혼이 유아적 권력 본능의 표출에 완벽한 기회를 제공한 것으로 본다. 이 권력 본능이 항상 요구하는 것은, 정당한 수단에 의해서든 부당한 수단에 의해서든, 자아가 반드시 '위에' 있어야 한다는 것이다. 어떤 대가를 치르더라도 인격의 우월성만은 유지해야 하는 것이다.

개인을 굴복시키려는 그 모든 시도—심지어는 환경적인 영향력까지도—는 아들러가 '남성 항거'라 부른 태도에 반격당한다. 예컨대 남편에 대한 환자 어머니의 실망과 신경증에서 위안을 찾고자 하는 그녀의 태도는, 일종의 '권력'을 발달시켜 가정에서 지배적인 지위를 차지하도록 기회를 제공해주었다. 사랑과 뛰어난 행실 역시, 잘 알다시피, 권력 본능의 충족을 위해 동원되는 탁월한 무기들이다. 미덕이 다른 사람들의 인정을 강요하기 위한 수단으로 동원되는 경우는 드물지 않다. 이 여성 환자는 이미 어렸을 때부터 아버지와의 관계에서 특권적 지위를 얻는 방법을 알고 있었다. 그녀는 사랑스러운 행동을 하며 사근사근하게 굴었고, 심지어는 가끔씩 어머니를 밀어내기까지 했다. 이런 행동에 아버지에 대한 사랑이 없던 것은 아니지만, 그녀는 우월성을 얻기 위한 하나의 수단으로 그 사랑을 활용했다. 아버지가 죽었을 때 터져나온 히스테리적 웃음은 이 사실에 대한 충격적인 증거이다. 독자는 이런 설명이 비록 악의적인 것은 아니더라도 사랑의 가치를 심하게 깎아내리는 것이라며 한탄할지도 모른다. 하지만 잠시 멈춰 생각하면서 세상을 있는 그대로 바라보자. 당신은 사랑을 하면서 자신의 사랑을 믿다가도, 목적이 달성되고 나면 마치 그 사랑이 아무것도 아니었던 것처럼 돌아서는 사람들을 만나보지 않았는가? 결국 자연 그 자체도 이와 비슷한 태도를 취하지 않던가? '목적 없는' 사랑이란 게 과연 가능한 것일까? 만일 그렇다면 그런 사랑은 극히 드물다고밖에는 말할 수 없는 최상의 인간적 덕목에만 속할 것이다. 아무래도 사람들은 사랑의 본성과 목적에 대해 가능한 한 생각하고 싶지 않은 것 같다. 우리가 품은 사랑의 가치가 생각보다 덜하다는 증거가 발견될 수 있음에도 말이다. 하지만 이처럼 근본적인 본능의 가치를 훼손하려 드는 것은 위험천만한 일일 것이다. 특히 남아 있는 가치가 별로 없는 오늘날과 같은 시대에는 더더욱 그렇다.

어쨌든 우리 환자는 아버지의 죽음을 보고 히스테리적인 웃음 발작을 일으켰다. 마침내 최상의 지위에 오르게 되었기 때문이다. 그것은 히스테리적 웃음이었고, 따라서 일종의 심인성 증상, 즉 의식적 자아가 아닌 무의식적 동기에서 촉발된 증상이었다. 이는 결코 무시할 수 없는 차이이다. 왜냐하면 그것은 인간의 미덕이 어디서 어떻게 일어나는지 인식하도록 해주기 때문이다. 의식적 미덕과 상반되는 것들은 지옥으로, 현대적 용어를 사용하자면, 무의식으로 흘러들어가 그곳에 쌓인다. 미덕을 추구하는 우리의 의식이 무의식에 대해 아무것도 알고 싶어 하지 않는 건 바로 이 때문이다. 사실 우리는 무의식의 존재를 부정하는 태도를 지혜의 정점으로 간주하기조차 한다. 하지만 불행히도 우리는 호프만(E. T. A. Hoffman)의 소설 『악마의 묘약The Elixir of the Devil』에 나오는 메다르두스 형제와 같은 난국에 봉착해 있다. 우리가 가장 욕망하는 모든 것을 품고 있고, 우리의 모든 것을 이해하는 동료, 사악하고 무시무시한데다 피와 살까지 지닌 우리 자신의 분신을 어딘가에 달고 다니는 것이다.

우리 환자의 경우, 신경증 발작이 처음으로 촉발된 건 자기 스스로 통제하지 못한 아버지의 측면이 있다는 사실을 알게 된 바로 그 순간이었다. 그리고 그때 그녀는 어머니의 신경증이 무슨 용도로 활용되었는지 알게 되었다. 양식 있고 현명한 방법으로 극복할 수 없는 장애를 만났을 때 그녀에게는 여태껏 알지 못했던 수단, 자신의 어머니가 먼저 발견한 수단이 남아 있었는데, 그것이 다름 아닌 신경증이었다. 그녀가 어머니를 흉내 내기 시작한 건 바로 이 때문이다. 하지만 놀란 독자들은 "신경증이 대체 무슨 소용인가? 그것이 무슨 효과가 있는가?"라고 물을 것이다. 그렇지만 가까이서 신경증 환자와 대면해본 사람이라면 신경증의 그 모든 '효력'을 인정하지 않을 수 없을 것이다. 사실 한 가정 전체를 장악하는 데 심각한 신경증보다 더 효과적인 수단은 없다. 심장마비와 질식 발작, 온갖 종류의 강박 증세 등은 다른 것과는 비교조차 안 되는 엄청난 영향력을 행사한다. 넘칠 듯 흘러나오는 연민의 물결과 다정한 부모들의 숭고한 불안, 정신없이 뛰어다니는 하인들의 모습, 끊임없이 울려대는 전화벨 소리, 서둘러 도착한 의사의 세심한 진단, 오랜 기간에 걸친 치료와 엄청난 비용 등을 떠올려보라. 이 모든 것의 한가운데에는 순수하게 고통받는 환자가 누워 있고, 그가 그 '경련'에서 회복되면, 온 가족은 과도할 정도로 감사를 표한다.

우리 환자는 이 비할 데 없는 '배열'(아들러의 용어를 사용하자면) 또는 계획을 발견했고, 그것을 아버지가 있을 때마다 효과적으로 활용했다. 하지만 아버지가 죽자 그 수단은 더 이상 필요가 없어졌다. 이제는 그녀가 최고였기 때문이다. 그 이탈리아 남자가 즉시 거절당한 건, 그가 부적절한 순간에 남성성을 드러내 그녀의 여성성을 지나치게 압박했기 때문이다. 하지만 적당한 결혼의 기회가 찾아오자 그녀는 아무 불평 없이 여왕벌이란 한탄스러운 역할에 자기 자신을 적응시켜 남자와 사랑에 빠질 수 있었다. 그리고 찬탄의 대상이 되어 우월성을 만끽하는 동안에는 세상 부러울 것 없이 지냈다. 하지만 남편이 다른 여성에게 관심을 보이기 시작하자, 그녀는 극도로 효과적인 그 '계획', 즉 간접적인 권력 행사에 다시 의존할 수밖에 없게 되었다. 일찍이 아버지를 자신의 영향권에서 이탈시킨 그 행위와—이번에는 자신의 남편과의 관계에서—다시 마주하게 되었기 때문이다.

이것이 권력 심리학의 관점에서 바라본 사건의 전모이다. 나는 독자가 옛이야기에 나오는 이슬람의 종교 재판관(Kadi)처럼 느낄까 봐 걱정된다. 이 이야기에 의하면, 한 집단의 변호사가 재판관 앞에서 먼저 발언했고, 그가 변론을 마치자 재판관이 이렇게 답했다고 한다.

"그대의 발언 잘 들었소. 내가 보기엔 그대가 옳은 것 같구려."

그 뒤 다른 집단의 변호사가 발언했고, 변론을 다 마치자, 그 재판관이 귀 뒷부분을 긁으며 이렇게 답했다고 한다.

"그대의 발언 잘 들었소. 내가 보기엔 그대 역시 옳은 것 같구려."

권력 본능이 엄청난 영향력을 행사한다는 사실에는 의심의 여지가 없다. 그리고 신경증 증상이 그 완고한 고집과 엄청난 교활함으로 환자 자신의 목적을 실현시키는 하나의 절묘한 '계획'이란 것도 사실이다. 신경증도 결국 일종의 수단, 목적을 지향하는 하나의 수단인 것이다. 이 점을 입증해낸 것은 아들러의 엄청난 공로라 할 수 있다.

그렇다면 이 두 관점 중 어느 쪽이 옳은 것일까? 상당히 골치 아픈 질문이 아닐 수 없다. 이 두 종류의 설명은 완전히 모순되는 것으로서, 결코 조화될 수 없기 때문이다. 첫 번째 경우에는 사랑이 근본적이고 결정적인 요인이지만, 두 번째 경우에는 자아의 권력이 그 무엇보다 중요하다. 또한 첫 번째 경우에는 자아가 사랑을 향한 열정에 부가되는 첨가물에 불과하지만, 두 번째 경우에는 사랑이 높은 지위라는 최종 목적을 달성하는 수단으로 전락하게 된다. 따라서 자아의 권력을 그 무엇보다 중요시하는 사람이라면 첫 번째 관점에 반항할 것이고, 사랑을 가장 소중히 여기는 사람이라면 두 번째 관점을 절대 받아들이려 하지 않을 것이다.

아마도 지금이 최근의 연구 결과를 도입하기 가장 적절한 시점인 것 같다. 우리는 무엇보다 먼저 인간의 심리가 두 유형으로 나뉜다는 사실부터 발견하게 되었다.[17] 한 유형의 근본적인 기능은 느낌이고, 다른 유형의 근본적인 기능은 사고인데, 첫 번째 유형은 대상을 느끼려 하지만, 두 번째 유형은 대상에 대해 생각하려 한다. 그리고 첫 번째 유형은 느낌을 통해 자기 자신을 주변 환경에 적응시킨 뒤 생각하지만, 두 번째 유형은 이해를 최우선시하면서 생각을 통해 자기 자신을 주변 환경에 적응시키려 든다. 또한, 느낌으로 대상에 접근하는 사람은 그 대상 쪽으로 자기 자신을 어느 정도 이전시키지만, 반대되는 유형의 사람은 대상에서 자기 자신을 어느 정도 떼어낸 뒤 그 앞

---

17 이와 관련된 내용은 2부에 실린 「심리 유형에 대한 기고」 참조.

에 멈추어 그것에 대해 숙고한다. 우리는 대상을 향해 나아간다는 점에서 첫 번째 유형을 **외향형**이라 부르고, 대상을 등지고 자기 자신 안으로 들어가 생각한다는 점에서 두 번째 유형을 **내향형**이라 부른다.

이런 언급은 두 유형의 가장 개괄적인 윤곽만 보여준다. 하지만 이처럼 부족한 밑그림만 있어도 우리는 앞서 언급한 두 이론이 두 유형 간 대립의 산물이라는 점을 인식할 수 있다. 즉 성 이론이 느낌의 관점에서 제시된 이론이라면, 권력 이론은 생각의 관점에서 공표된 이론이다. 외향형은 항상 대상과 연관된 느낌에 강조점을 두는 반면, 내향형은 항상 자아에 강조점을 두면서 생각을 통해 대상에서 가능한 한 멀리 떨어져 나오려 하기 때문이다.

이제 이 두 이론 간의 타협이 불가능하다는 사실을 이해해야 한다. 두 이론 모두 일방적인 심리학의 산물이기 때문이다. 이 대비되는 유형들의 사례를 니체와 바그너에게서 찾아볼 수 있었다. 이들의 불화는 심적 가치관의 충돌에서 비롯된 것이었다. 한 사람이 가장 귀하게 여긴 가치를 다른 한 사람은 '가식'에 불과한 것으로, 뼛속까지 거짓된 것으로 간주했다. 이들은 서로 평가절하했다.

만일 성 이론을 외향적 인물에게 적용한다면 그것은 사실과 부합할 것이다. 하지만 그 이론을 내향적 인물에게 적용한다면, 우리는 그를 혹사시키고 그의 내면에 폭력을 행사하게 될 것이다. 이는 반대 경우에도 마찬가지이다. 적대적인 이 두 이론이 나름대로 그럴듯해 보이는 건, 이들 각각이 자신의 진실성을 입증해주는 사례에서 자료를 끌어내기 때문이다. 하지만 이 이론의 틀에 들어맞지 않는 사람들도 분명 존재한다. 예외 없는 규칙은 없다고 하지 않던가?

따라서 이 두 이론에 대한 비판은 반드시 필요하다. 있는 그대로의 현실은 이들 사이의 모순점을 극복할 필요성과, 둘 중 어느 하나의 유형이 아닌 두 유형 모두에게 적합한 이론을 구성해낼 필요성을 드러내기 때문이다.

이 두 이론이 그 정확성에도 불구하고 매우 불쾌한 특성을 나타낸다는 사실과, 항상 과학의 엄격한 기준에 부합하는 것은 아니라는 사실은, 일반인에게조차 어느 정도 당혹감을 불러일으킬 것이다. 일단 성 이론은 불결하고 지적으로 만족스럽지 못하다. 반면 권력 이론은 명백히 파괴적이다. 이것들 모두 고귀한 이상과 영웅적 태도, 극적인 감흥, 심오한 신념 등을 진부하고 낡아빠진 현실로 축소시켜버린다. 이 이론들을 고차원적 대상에 적용시키면 그렇게 된다는 말이다. 하지만 이 두 이론을 그런 식으로 사용해서는 안 된다. 이들 이론은 의사의 도구 상자에 놓인 하나의 도구, 그 날카롭고 무자비한 날로 병들고 해로운 부분을 잘라내는 치료용 도구일 뿐이다. 니체의 신랄한 우상 비판은 이론을 오용한 대표적 사례이다. 그는 우상을 인류 영혼에 만연한 질병으로 간주했고, 사실 실제로도 그런 면이 있었다. 하지만 인간의 영혼을 진정으로 이해하는 훌륭한 의사, 오직 영혼의 병든 부분에만 치료를 적용하는 '고도로 섬세한 손길'을 지닌 의사는 이 이론들의 파괴력을 유익한 방식으로 활용할 줄 안다. 그는 각각의 개별적 사례에 맞게 이론을 적용할 수 있다. 하지만 치료를 제대로 이해 못하는 사람에게는 그럴 능력이 없고, 따라서 그의 손에 들어간 이론은 위험한 도구가 된다. 파괴되고, 용해되고, 평가절하되어야 할 무언가가 있는 경우에는 비판을 적용하는 것이 유용할 수 있지만, 잘못하면 생명의 요구에 따라 성장하고 건설되고 있는 것까지 파괴해 버리는 수가 있다.

믿을 만한 의사의 손에서 의약품처럼 사용되기만 한다면, 이들 이론에 반대할 이유는 아무것도 없을 것이다. 하지만 운명은 이 이론들을 자격 있는 사람들의 손에만 남겨두지 않았다. 무엇보다 먼저 그 이론들은 의료인 집단에 알려지게 되었다. 개업 의사는 엄청난 수의 신경증 환자를 상대해야 하기 때문에, 새롭고 적절한 치료 수단을 찾지 않을 수 없다. 그는 결국 정신분석이라는 어려운 방법에 관심을 갖게 된다. 그리고 처음에는 이 방법에 능숙하지 못하다. 그렇다면 인간 영혼의 비밀을 대체 어디서 배워야 할까? 분명 대학 교육을 통해서는 아니다. 시험을 봐가며 습득한 정신의학 지식으로는 가장 일반적인 정신장애의 증후조차 알아차리지 못한다. 그런 지식이 인간 영혼에 대한 통찰을 제공해줄 리는 만무하다. 따라서 그는 사실상 분석적 방법을 적용할 준비가 전혀 안 되어 있다. 이 파괴적인 치료법을 이로운 방식으로 사용하려면, 인간 영혼에 대한 광범위한 지식을 반드시 갖추어야만 한다. 그리고 제거되어야 할 병든 부분을 가치 있고 보존되어야 할 부분에서 구분해낼 줄도 알아야 한다. 이는 엄청나게 어려운 일임에 틀림없다. 유사과학적 편견에 빠진 정신과 의사가 환자를 어느 정도까지 부당하게 대우할 수 있는지 알고 싶다면, 뫼비우스(Paul Julius Moebius)가 니체에 대해 쓴 글을 읽어보거나 '예수의 사례'에 관한 다양한 심리 치료 논문들을 연구해보기 바란다. 분명 그런 식의 '이해'에 직면해야 했던 환자의 운명에 한탄하지 않을 수 없을 것이다.

따라서 이제 정신분석은—그것을 소화해내지 못한 의사들에게는 매우 안타까운 일이지만—교육 전문가들의 손으로 넘어가게 된다. 이는 옳은 일이다. 제대로 이해되고 사용되기만 한다면 정신분석은 진정한 하나의 교육 수단이 될 수 있기 때문이다. 그것은 사회학의 한 분야와 연관된다. 하지만 나는 개인적으로 프로이트의 성적인 이론만 가르치는 데에는 결코 동의할 수 없다. 일방적인 이론은 이로운 만큼 해롭기도 하기 때문이다. 정신분석을 교육 목적으로 활용하기 위해서는 지난 몇 년간 수행된 교정 작업의 성과를 모두 포함시켜야 한다. 분석의 방법을 심리학의 보편적 관점에 맞게 확장해야 하는 것이다.

하지만 지금까지 살펴본 두 이론은 보편적인 이론이 아니다. 이미 말했듯이 그 이론들은 '국부적으로' 적용되어야 할 일종의 부식제이다. 두 이론 모두 파괴적이고 환원적(reductive)이기 때문이다. 이들 이론은 환자에게 증상이 여기 또는 저기에서 비롯되었고, 그 증상은 이것 또는 저것에 '불과하다'고 설명해준다. 이 환원적 이론들의 한계를 드러내는 사례가 나타나길 바라는 건 매우 부당한 일이겠지만, 그럼에도 이 이론들은 영혼의 본성에 대한 보편적 설명을 내놓기에는 턱없이 부족하다. 인간의 영혼은, 병들었든 건강하든 간에, 결코 단순한 설명으로 환원될 수 없기 때문이다. 성욕이 도처에 항상 존재

한다는 것은 사실이다. 권력욕이 영혼의 깊숙한 곳까지 침투해 들어
간다는 것 또한 분명한 사실이다. 하지만 영혼 그 자체는 이 둘 중 어
느 한쪽에도 해당되지 않으며, 심지어는 둘 모두도 아니다. 영혼은
이 두 욕망 모두를 활용해 만들어 나아갈 그 무엇이기도 하다. 한 개
인의 모든 것이 어떻게 형성되어왔는지 아는 건 그 사람의 반쪽만
이해하는 것이다. 과거의 관점에서 설명할 수 있는 건 오직 죽은 사
람뿐이다. 살아 있는 사람은 다른 방식으로 설명되어야 한다. 생명
은 어제만으로 이루어진 것이 아니기 때문에, 오늘과 어제로 축소하
는 방식으로는 그것을 제대로 이해할 수 없다. 생명은 내일도 지니고
있고, 따라서 오늘을 제대로 이해하려면 어제에 대한 지식에 내일의
방향성까지 첨부해야만 한다. 이는 심리적 삶의 모든 표현물, 심지
어 질병 증상에조차 해당되는 사실이다. 신경증 증상은 그것이 '유
아 성욕'이든 '유아 권력욕'이든 간에 한때 존재했던 원인의 결과에
불과한 것이 아니다. 그 증상들은 삶의 새로운 통합을 향한 노력의
표현이다. 잘못 수행된 노력이란 점을 서둘러 덧붙여야 하긴 하지만,
그럼에도 그 증상들이 의미 있는 시도라는 점에는 변함이 없다. 그
증상들은 의미와 가치를 지닌 분투의 초기 형태로서, 부적절한 내외
부 환경으로 인해 생명을 획득하는 데 실패한 일종의 씨앗과도 같다.

이 시점에서 독자는 아마도 이렇게 질문하고 싶을 것이다. "신경
증에 무슨 가치나 의미가 있겠는가? 그것은 가장 쓸모없고 혐오스
러운 인류의 해충이 아닌가? 신경증이 어떻게 사람을 이롭게 하겠는
가?" 그것은 아마도 인간에게 인내라는 미덕을 길러주기 위해 신이

창조한 파리와 비슷한 방식으로 작용할 것이다. 비록 과학적 관점에서 보면 어리석은 생각이겠지만, 이처럼 '해충'을 '신경증 증상'으로 대체하는 것은 심리학적으로 상당히 기민한 인식이다. 어리석고 진부한 사고방식을 그 누구보다 경멸했던 니체조차 자기가 자신의 질병에 얼마나 많은 빚을 졌는지 한 차례 이상 인정한 바 있다. 나 역시 그 자신의 가치와 존재 의미 전체를 신경증에 돌린 사람을 여럿 보아왔다. 그의 신경증이 인생의 모든 결정적 우행을 가로막아, 가치 있는 자질을 발달시키도록 자기 자신을 몰아세워 주었다는 것이다. 아마도 신경증이 그 환자를 강제로 붙잡아주지 않았더라면, 그의 잠재력은 진작 뭉개져 버렸을 것이다. 이처럼 세상에는 삶의 의미 전체―그의 진정한 중요성―가 무의식에 잠겨 있는 사람들이 있다. 그들의 의식에는 헛되고 현혹시키는 것만 가득 차 있다. 하지만 또 다른 사람들은 이와 사정이 정반대이고, 따라서 그들에게는 신경증이 다른 의미의 중요성을 나타낸다. 환원적 처방을 내려도 좋은 사람이 있는가 하면, 절대로 내려서는 안 되는 사람도 있는 것이다.

이제 독자는 신경증이 중요한 의미를 지니는 특수한 사례도 있다는 사실에 동의할 것이다. 하지만 이 같은 견해를 일반적인 신경증 사례로까지 확장하는 데에는 반대할 것이다. 예컨대 앞 사례에 나타난 히스테리적 불안 발작과 천식 증상에는 무슨 의미와 가치가 있는 것일까? 나는 그 증상의 가치가 그다지 명백하지 않다고 고백할 수밖에 없다. 특히 그 사례를 인격 발달의 병적 측면에만 초점을 맞추는 환원적 관점에서 검토할 경우 더더욱 그렇다.

지금까지 살펴본 두 이론에는 한 가지 공통점이 있다. 개인의 무가치한 측면을 무자비하게 폭로한다는 점이다. 그 관점들은 질병의 원인이 어디 있는지 설명해내는 이론, 아니 차라리 일종의 가설이다. 따라서 그것들은 한 개인의 **가치**에는 아무런 관심도 없고, 오직 지극히도 불쾌한 방식으로 폭로되는 무가치에만 관심을 쏟는다. 적어도 이 지점에서만큼은 이 두 관점이 충돌을 일으키지 않는다.

'가치'란 말은 에너지를 고양할 수 있는 하나의 가능성, 수단을 나타내는 용어이다. 하지만 부정적 가치라 하더라도 에너지를 고양할 수 있는 한—엄청난 에너지가 발현되는 신경증의 사례들에서 볼 수 있듯이—그것 역시 하나의 가치라 할 수 있다. 비록 당장은 쓸모없고 해로운 방식으로 에너지를 발현시킬지라도 말이다. 에너지는 유용한 것도 해로운 것도 아니며, 가치 있는 것도 무가치한 것도 아니다. 그 자체는 중립적이며, 그것의 진정한 가치는 에너지가 들어가는 형태에 달려 있다. 형태가 에너지에 질적 특성을 부여해주는 셈이다. 다른 한편, 에너지가 없는 단순한 형태 역시 중립적이라고밖에 말할 수 없다. 따라서 긍정적 가치를 발생시키려면, 일단은 에너지가 필요하고, 이에 더하여 가치 있는 형태가 필요하다. 신경증 증상에는 분명 심리적 에너지가 존재하지만, 그것은 열등하고 실현 불가능한 형태로만 존재한다. 앞서 기술한 두 종류의 분석적 방법은 오직 이 열등한 형태를 녹이는 데에만 유용하다. 여기서 그들은 훌륭한 부식제임이 입증된다.

이런 수단을 통해 우리는 자유로운 에너지를 얻게 된다. 하지만 그 에너지는 아직 적용되지 않은 만큼, 중립적 성격을 나타낸다. 지금까지 사람들은 새로 획득된 이 에너지가 의식의 처분에 맡겨질 것이라고, 따라서 환자는 자기가 원하는 대로 그 에너지를 사용할 수 있을 것이라고 생각해왔다. 그 에너지는 보통 성적 충동에 불과한 것으로 간주되었으므로, 사람들은 그것을 더 고차원적 대상에 적용시킬 수 있을 것이라고 생각해왔다. 환자가 별 어려움 없이 그것을 '승화'시켜 성적이지 않은 형태로 변형시킬 것이라고 추측한 것이다. 예컨대 그것을 예술 활동으로 전이하거나, 그 밖의 유용한 다른 활동을 향해 방향을 틀 수 있을 것이다. 이 개념대로라면 환자는 자신의 에너지를 어떻게 승화시킬지 결정—의도적이든 임의적이든 간에—할 수 있어야 할 것이다. 만일 인간에게 자신의 인생에 분명한 방향을 부여할 능력이 있다면, 이런 관점도 나름의 정당성을 지닐 수 있을 것이다. 하지만 우리는 인생의 방향을 정할 수 있도록 도와주는 철학이나 계획 같은 건 없다는 사실을 잘 알고 있다. 우리가 추측할 수 있는 건 오직 지극히 가까운 미래뿐이다. 우리 앞에 통째로 놓인 운명은 무한한 가능성을 내비치며 우리를 당황스럽게 하지만, 그 무수한 가능성 중 우리 자신에게 적합한 최선의 길은 단 하나뿐이다. 그 하나의 가능성을 미리 결정할 수 있다고 장담할 수 있는 사람이 어디 있겠는가? 자기 자신의 인격에 대해 더없이 완벽한 지식을 가진 사람이라도 그렇게는 못할 것이다. 물론 의지력으로 많은 것을 얻어낼 수 있다는 건 사실이다. 하지만 유독 강력한 의지를 지녔던 인물들의 운명을 고려해보면, 의지력으로 우리 자신의 운명을 바꾸려 하는 것이 얼마나 잘못된 일인지 분명해진다. 우리가 의지라 부르는 그것은 숙고하는 힘에 의해 방향을 부여하는 하나의 기능이다. 따라서 의지는 숙고하는 그 힘이 무엇으로 구성되어 있는지에 크게 의존한다. 그런데 숙고란 것이 이름값을 하려면, 그것은 무엇보다도 합리적인 것, 즉 이성에 따른 것이어야 한다. 하지만 인생과 운명이 우리 인간의 이성과 조화될 수 있다는 사실이 지금까지 단 한 번이라도 증명된 적이 있던가? 삶이 전적으로 이성적이라는 사실이 과연 입증될 수 있을까? 그와는 정반대로, 우리는 삶과 운명이 비합리적이기도 하다는 가정, 즉 그것이 인간 이성 이외의 영역에 기초를 두기도 한다는 가정을 뒷받침할 근거를 지니고 있다. 이 위대한 과정의 비합리적 성질은 그것이 나타내 보이는 이른바 **우연성**에 의해 입증되어왔는데, 우리로서는 그 우연을 거부할 수밖에 없다. 우리는 인과적이거나 필연적으로 조건 지어지지 않은 과정을 생각조차 할 수 없기 때문이다. 하지만 사실 우연성은 도처에 존재하며, 그것도 너무나도 두드러지게 나타나 있다. 그것은 인과 관계에 기초한 우리의 철학을 질식시킬 지경이다! 삶이란 비옥한 저장고는 법칙에 의해 지배되기도 하고 지배되지 않기도 한다. 그것은 합리적인 동시에 비합리적이다. 따라서 그것에 기반을 둔 이성과 의지는 오직 짧은 기간에만 유효하다. 우리가 이성적으로 선택한 이 방향을 오래 유지하면 할수록, 삶의 비합리적 가능성을 무시할 위험성 역시 그만큼 커지게 된다. 하지만 이 비합리적 삶도 살아내야 할 우리의 삶이긴 마찬가지이다. 그렇다. 우리는 우리 자신에게 해를 입히기조차 할 것이다. 지나치게 경직되고 의식적인 태도에 의해 풍부한 우연적 사건들이 통째로 잘려나갈 것이기 때문이다. 인간이 자기 삶에 방향성을 부여할 수 있게 된 건 분명 매우 유익한 일이었다. 아마 합리성의 획득이 인류의 가장 위대한 성취라고 해도 절대 과장된 말은 아닐 것이다. 하지만 모든 상황에서 항상 그렇다는 말은 결코 아니다. 지금 진행 중인 무시무시한 세계대전은 합리주의의 가장 열렬한 지지자들을 엄청난 혼돈 속으로 몰아넣었다.

1913년, 오스트발트(Wilhelm Ostwald)는 이렇게 썼다.[18] "지금 같은 무장 평화 상태가 오래 유지될 수 없다는 데 전 세계가 동의하고 있다. 실제로도 세계정세는 점점 더 불안정해지고 있다. 이런 상태는 각 나라가 문화적 지출을 훨씬 초과하는 비용을 아무 가치도 낳지 못하는 곳에 희생함으로써만 유지될 수 있다. 따라서 만일 인류가 이 무의미한 전쟁 준비 작업을 종식시키고, 국가의 가장 능력 있는 젊은이들을 전쟁 목적으로 징집하는 일을 그만두도록 할 수만 있다면, 엄청난 에너지를 절약하여 전례 없는 문화적 진보를 이룩해낼 수 있을 것이다. 몸싸움과 마찬가지로, 전쟁은 가장 오래되고 가장 서툰 분쟁 해결 방식으로, 무지막지한 에너지의 소모를 동반하는 활동이기 때문이다. 따라서 전쟁 가능성을 완전히 차단하는 것이야말로 이 시대의 가장 중요한 문화적 과업이라 할 수 있을 것이다. 에너지의 측면에서 보면 그것은 거의 필수적인 과업이다."

---

18 Ostwald, *The Philosophy of Values*.

하지만 운명의 비합리성은 좋은 의도를 지닌 이 사상가의 합리성을 완전히 뭉개버렸다. 그것은 축적된 군사와 무기를 사용하도록 했을 뿐만 아니라, 광기 어린 파괴와 유례없는 대학살까지 불러일으켰다. 이 재앙에서 우리는 오직 운명의 반쪽만 합리적 의도로 제어할 수 있다는 결론을 이끌어내야 할 것이다.

인류 전체에 적용되는 내용은 각 개인에게도 적용된다. 인류를 구성하는 것은 다름 아닌 개인들이기 때문이다. 따라서 인류의 심리학은 개인의 심리학이기도 하다. 우리는 이 세계대전을 통해 조직된 문화의 합리적 의도와 균형을 맞추려는 무시무시한 힘을 경험하고 있다. 개인적 규모에서 '의지'라 불리는 것을 국가적 규모에서는 '제국주의'라 부를 수 있는데, 이는 의지란 것이 운명에 대한 힘의 행사, 즉 우연적인 것의 배제나 다름없기 때문이다. 또한, 문화는 자유롭고 중립적인 에너지들을 합리적이고 '유용하게' 승화시킨 결과 형성되는데, 이는 개인에 대해서도 마찬가지이다. 그리고 문화적인 국제 조직을 건설하겠다는 인류의 희망이 이 전쟁을 통해 기존의 모습과 정반대되는 면목을 드러냈듯, 개인들도 이른바 '사용 가능한' 에너지들이 결코 의식의 처분을 기다리지 않는다는 점을 자신의 삶에서 자주 발견하게 된다.

이와 관련된 훌륭한 예는 내가 상담한 한 중년 사업가의 사례에서 찾아볼 수 있다. 그는 바닥에서 시작해 자수성가한 전형적인 미국인 남성으로 성공을 거듭한 끝에 매우 큰 회사까지 하나 설립할 수 있었다. 그는 훗날 경영에서 손을 뗄 수 있도록 자신의 사업을 점진적으로 조직화해왔는데, 내가 그를 만났을 때는 이미 2년 전에 사임한 상태였다. 그때까지 그는 오직 자신의 사업만을 위해 살아왔고, 성공적인 미국인 사업가 특유의 일방성과 강렬함으로 자신의 모든 에너지를 일에만 집중해왔다. 그는 미리 지방에 화려한 안식처를 마련해 두었는데, 그곳에서 훗날 말을 기르고, 자동차를 몰고, 골프와 테니스를 치고, 파티를 열면서 여생을 '누릴' 생각이었다. 하지만 이 같은 그의 계획은 그의 내면 상태와 일치하지 않았다. '사용 가능해진' 그의 에너지는 이 유혹적인 경로로 진입하는 대신, 엉뚱하게 방향을 틀어 완전히 다른 길로 벗어나버리고 말았다. 오래도록 고대하던 낙원에서의 삶이 시작된 지 2주 정도 후부터 그는 특이하고 모호한 신체적 감각들에 골몰하기 시작했다. 이어진 몇 주의 시간은 그를 심각한 건강 염려증 상태로 빠뜨리기에 충분했다. 신경은 완전히 무너져 내렸고, 보기 드물게 정력적이고 강건했던 그는 흐느끼며 투덜거리는 어린아이로 변해 있었다. 이 질병은 그의 낙원을 통째로 무너뜨렸다. 그는 진이 빠질 정도로 질병을 염려하면서 이 걱정 저 걱정을 많이 했다. 그러다가 한 유명한 전문 치료사를 만났는데, 그 치료사는 정당하게도 그에게 일이 없다는 점만 빼면 잘못된 것이 아무것도 없다는 진단을 내려주었다. 이 환자는 그 말의 의미를 간파하고는 즉시 전에 있던 자리로 복귀했다. 하지만 극히 실망스럽게도 그는 자신의 사업에서 조금도 흥미를 느낄 수 없었다. 작정하고 인내심을 발휘해 보기도 했지만 소용없는 일이었다. 그의 에너지를 다시 사업으로 되돌리는 일은 불가능해 보였다. 자연히 그의 상태는 이전보다 나빠졌고, 한때 엄청나게 창의적으로 활용되던 에너지는 이제 환자 자신에게로 방향을 틀어 무서울 정도로 파괴적인 위력을 행사하기 시작했다. 그의 창의적 천재성이 그 자신을 향해 반란을 일으킨 것이다. 그 힘은 전처럼 훌륭한 조직을 건설해내는 대신 그 조직만큼이나 정교한 건강 염려증의 체계를 구축했고, 이를 통해 그를 완전히 무너뜨리고 말았다. 나를 만났을 때, 그는 이미 가망 없을 정도로 인성이 망가져 있었다. 나는 그 무지막지한 양의 에너지가 그의 사업에서 온 것은 분명하지만, 그것을 어느 방향으로 흘려보낼지 결정하는 문제가 여전히 남아 있다는 점을 명확히 하려 했다. 일단 훌륭한 말과 최신 자동차, 즐거운 파티 등은 그의 에너지를 조금도 자극하지 못했다. 일생을 진지한 사업에 헌신해온 사람에게 이런 것을 누릴 권리가 있다는 건 지당한 사실이었음에도 말이다. 만일 상황이 '인간적으로' 진행되었더라면 그는 애써 얻은 이 휴식을 만끽할 수 있었을 것이다. 하지만 삶은 종종 비합리적이고 성가신 방향으로 진행된다. 에너지는 그 자신의 성질과 유사한 경로만을 요구하며, 적절한 배출구를 마련해주지 않으면 가로막혀 파괴적으로 돌변해버리고 만다. 이 같은 나의 설명은 안타깝게도 기대했던 반응을 이끌어내지 못했다. 이 정도까지 진전된 질병은 관리만 될 수 있을 뿐 완치가 불가능하다.

이 사례는 이성의 힘만으로는 '사용 가능한' 에너지의 방향을 결정지을 수 없다는 사실을 분명히 보여준다. 정신분석이란 부식제를 통해 해방시킨 에너지에 대해서도 이와 같은 말을 할 수 있을 것이다. 앞서 보았듯이 이 에너지들을 마음대로 활용할 수 있는 기간은 얼마 안 된다. 그 에너지들은 이성이 제시한 경로에 결코 오래 머물지 못한다. 이 정신적 에너지란 건 생각보다 까다로워서, 자기 자신의 조건을 충족시켜 달라고 끊임없이 요구해온다. 사용 가능한 에너지가 아무리 많다 해도 그 에너지와 유사한 성격의 경로를 찾지 못하는 한 그것을 유용하게 사용할 수 없는 것이다.

지난 수년에 걸쳐 진행된 내 연구는 줄곧 이 문제에 초점을 맞춰왔다. 이 작업의 **첫 번째 단계**는 앞서 설명한 두 이론이 어느 정도까지 유효한지 확인하는 일이었다. **두 번째 단계**는 이 두 이론이 내향형과 외향형이라는 두 종류의 상반된 심리 유형에 상응한다는 점을 밝히는 일이었다. 전에도 이 두 유형을 인식한 사람들이 있었다. 윌리엄 제임스(William James)는 사상가들에게도 유형이 있다는 사실을 알고 깊은 인상을 받아 그들을 '온화한 마음을 지닌' 사상가와 '강건한 마음을 지닌' 사상가로 구분해냈다.[19] 또한 오스트발트 역시 위대한 학자들에게 나타나는 '고전적 성향'과 '낭만적 성향'에서 이와 비슷한 차이점을 발견해낸 바 있다.[20] 따라서 나는 혼자가 아니다. 여기서는 가장 잘 알려진 두 명만 언급했지만, 유형에 대해 생각한 사람은 이들 말고도 많이 있다. 역사적 연구는 사상사에 나타난 격렬한 논쟁 중 상당수가 유형 간의 이 대립에 기초해 있다는 점을 확신시켜준다. 가장 주목할 만한 사례로 실재론과 유명론 간의 대립을 들 수 있

---

19 James, *Pragmatism*; 윌리엄 제임스, 『실용주의』.

20 Ostwald, *Grosse Männer*.

다. 플라톤 학파와 메가라학파 간의 차이점에서 비롯된 이 논쟁은 스콜라 철학으로 이어졌고, 철학자 아벨라르(Pierre Abelard)는 이 모순된 입장들을 개념론(conceptualism)으로 통합하려 시도함으로써 불후의 명성을 얻게 되었다. 하지만 이 논쟁은 현재까지 이어져 내려와 유심론과 유물론 간의 대립으로 표출되고 있다.

이 대비되는 유형은 사상사에서뿐만 아니라 개인들에게서도 발견된다. 주의 깊게 관찰해보면 반대되는 유형의 사람들이 결혼 상대로 서로를 선호한다는 점이 분명해진다. 무의식적으로 서로 보완하려 드는 것이다. 사실 각 유형은 특별히 잘 발달된 기능을 한 가지씩 보유하고 있다. 즉 적응을 위해 생각에 의존하는 내향형은 행동을 하기 전에 어떻게 행동할지 생각부터 한다. 반면, 외향형은 대상을 향해 나아가며 그것을 먼저 느끼려 든다. 어느 정도 행동이 앞서는 것이다. 따라서 전자는 매일같이 생각을 발달시키는 반면, 후자는 주로 느낌 기능을 발달시키게 된다. 극단적인 경우 내향형은 생각하고 관찰하는 활동으로만 자신을 국한시키고, 외향형은 느끼고 행동하는 기능으로만 자신을 제한시킨다. 물론 내향형인 사람도 느낌이 있다. 그것도 매우 깊이, 아니 사실 너무 깊이 느낀다. 영국인 연구자[21]가 내향형을 '정서적 유형'으로 묘사하는 데까지 나아간 건 바로 이 때문이다. 하지만 그 느낌은 항상 내면에만 머문다. 느낌이 있다는 건 사실이지만, 그 느낌이 더 깊어지고 강렬해질수록 그의 겉모습과 태

---

21 Furneaux Jordan, *Character as seen in Body and Parentage*. London, 1896.

도는 도리어 더 고요해진다. "깊은 물은 고요히 흐른다"는 속담은 바로 여기에 해당된다. 이와 마찬가지로 외향형인 사람도 **생각**을 한다. 하지만 그의 생각이 대체로 내면에만 머무는 반면, 그의 느낌은 눈에 띌 정도로 외부로 향한다. 내향형이 차갑거나 건조해 보이고, 외향형이 느낌으로 충만해 보이는 건 바로 이 때문이다. 하지만 내향형의 느낌은 그것이 안에 머무는 만큼, 외부 상황에 적응할 수 있도록 발달되는 대신 상대적으로 미분화된 상태로 남는다. 이와 마찬가지로 외향형의 생각 역시 상대적으로 미분화된 상태로 남는다.

그렇지만 상당히 잘 적응된 개인을 대상으로 삼을 경우, 내향형인 사람의 느낌 역시 외부로 향한다는 점을 발견하게 되는데 이는 연구자를 매우 혼돈스럽게 만든다. 내향적이라고 생각했던 사람이 느낌을 드러내고 사랑스레 공감까지 표하기 때문이다. 하지만 그의 느낌 표현을 비판적으로 검토해보면, 그것이 눈에 띌 정도로 관습적이라는 사실이 드러난다. 섬세하게 분화된 느낌이 아닌 것이다. 외향형인 사람의 감정 표현이 고도로 세련되게 개별화되어 있는 것과는 달리, 그의 감정 표현에는 본질적으로 아무런 차이도 없다. 그는 모든 사람에게 똑같은 친근감과 똑같은 공감을 드러내 보인다. 따라서 내향형의 감정 표현은 사실 인위적으로 채택된 관습적 몸짓에 불과하다고 말할 수 있다. 이와 마찬가지로 외향형인 사람도 분명 생각을 하고, 그것도 때로는 매우 명료하게, 과학적으로 생각을 한다. 하지만 가까이서 관찰해보면 그것이 사실 외부에서 습득한 것이라는 점이 밝혀진다. 그의 생각은 인위적으로 습득한 생각의 관습적 반복에 불과하다. 그의 생각에는 개별적이고 고유한 것이 결여되어 있고, 내향적인 사람의 상투적 느낌처럼 무미건조하고 미적지근하다.

이처럼 이 두 유형 모두 관습적 가면 아래에 완전히 다른 성향을 감추고 있다. 그 성향은 가끔씩 압도적인 자극이 가해질 때마다 깨어나 밖으로 터져나옴으로써 주변 사람들을 깜짝 놀라게 한다.

대부분의 문명인은 이 두 유형 중 한쪽으로 기울어 있다. 그리고 전체적으로 보면, 그들은 서로를 매우 훌륭하게 보완해준다. 이 두 유형 간의 결혼이 성사되기 쉬운 것도 바로 그 때문이다. 이들이 삶의 필요에 자신을 적응시키는 것을 주된 과업으로 삼는 한, 그들은 서로 최적의 상대이다. 하지만 남성이 충분한 자산을 확보하는 데 성공하거나 엄청난 유산을 물려받아 삶의 긴급한 필요에서 해방되면, 그들은 이제 서로를 마주할 수밖에 없게 된다. 그전까지 이들은 서로 등을 맞댄 채 삶의 필요에 맞서 자신들을 보호하는 데만 힘써왔다. 하지만 이제 그들은 서로를 향해 돌아서서 상대를 이해하는 과업 앞에 놓이게 된다. 그런데 그들은 보통 지금껏 서로를 제대로 이해한 적이 단 한 번도 없다는 사실만 발견하게 된다. 가치 기준이 완전히 달랐던 것이다. 심리 유형 간의 갈등은 이렇게 시작된다. 이 갈등은 친밀감 속에서 고요히 진행됨에도 불구하고 유독하고 격렬하며, 상호 비방으로 가득 차 있다. **한 유형에게 가장 귀중한 것이 다른 유형에게는 가장 무가치해 보이기 때문이다.** 예컨대 생각의 가치를 귀하게 여기는 사람은 상대방의 느낌이 자기 자신의 열등한 느낌과 상응할 것이라고 확신한다. 다른 종류의 고차원적 느낌에 대해서는 아무것도 모르기 때문이다. 하지만 반대로 느낌의 가치를 귀하게 여기는 사람은 동반자의 생각이 자기 자신의 생각만큼이나 열등할 것이라고 단정짓는다. '남편과 아내의 사이가 왜 그렇게 나쁜지' 알고 싶어 했던 괴테의 호문쿨루스(Homunculus)라면, 분명 이 대목에 각별한 관심을 기울였을 것이다. 이제 수많은 신경증 사례가 이 같은 차이에 기반을 두고 있다는 점이 밝혀진 만큼, 나는—의사로서—호문쿨루스의 불완전한 탐구를 보충해볼 생각이다. 기쁘게도, 많은 환자가 내가 제공한 이해를 통해 심각한 문제들을 해결할 수 있었다.

향상된 이해로 나아가기 위한 **세 번째 단계**는 인격의 성장을 위해 활용될 수 있는 실용적 심리 유형론을 확립하는 것이었다. 이 유형론적 관점에서 심인성 장애에 관한 완전히 새로운 이론이 도출되어 나온다.

하지만 기반은 여전히 동일하다. 즉 모든 신경증의 전제는 무의식적 갈등의 존재이다. 프로이트의 관점에 따르자면, 그것은 성적 갈등, 즉 무의식에 있는 유아적 성 환상 및 그 내용의 투사물들과 도덕적 의식 간의 갈등이다. 그리고 아들러의 관점에 따르자면, 그것은 내외부의 모든 압제적 세력과 자아의 우월성 사이의 갈등이다.

하지만 새로운 관점은 신경증적 갈등이 항상 적응된 주 기능과 미분화된 채 무의식에 잠긴 보조 기능 사이의 갈등이라고 주장한다. 따라서 이 갈등은 내향형의 경우 생각과 무의식적 느낌 간의 갈등으로 나타나고, 외향형의 경우에는 느낌과 무의식적 생각 간의 갈등으로 나타난다.[22] 이로부터 질병의 원인에 대한 또 다른 이론이 파생되어 나온다. 이 이론에 의하면, 생각을 통해 자기 자신을 적응시키는 사람은, 생각으로만 충족시킬 수 없는—세분화된 느낌을 필요로 하는—요구와 마주하게 되었을 때 외상적이거나 병의 원인으로 작용하는 갈등을 분출시키게 된다. 반면, 느낌으로 세상에 적응하는 사람은 세분화된 생각을 요구하는 문제와 마주쳤을 때 중대한 위기를 맞게 된다. 앞서 언급한 사업가의 사례는 이에 대한 명백한 증거가 된다. 그 사업가는 평생에 걸쳐 모든 감정적 고려 사항을 배경, 즉 무의식에 방치해온 내향형 인물이었다. 하지만 생애 최초로 세분화된 감정을 통해서만 다룰 수 있는 상황과 마주하게 되자, 그는 처절히 무너져내리고 말았다. 그리고 그와 동시에 매우 의미심장한 현상이 일어났다. 그의 무의식적 느낌들이 모호한 신체적 감각으로 발현된 것이다. 이 사실은 미분화된 느낌들이 애매한 신체 감각의 특성을 띤다는—미분화된 느낌은 여전히 주관적 신체 감각과 비슷하므로—심리학적 경험과도 매우 일치한다. 세분화된 느낌은 더 '추상적'이고 주관적인 성질을 나타낸다. 이 현상은 아마도 심리적 유형에 관한 고대 학설의 무의식적 기반으로 작용했을 것이다. 그 학설이란 발렌티누스 학파(Valentinian School)의 3유형론을 말한다. 그들은 미분화된 유형을 이른바 '물질적' 인간으로 분류하여 세분화된 유형,

---

22 나는 여기서 일부러 두 종류의 유형만 묘사했다. 다른 유형들도 이미 밝혀져 있지만, 여기서는 설명의 편의를 위해 언급을 자제했다.

즉 '정신적' 인간 아래에 위치시켰다. 이 정신적 인간은 우리의 외향형에 해당된다. 그다음에는 영성적 인간이 오는데, 이 유형의 인간은 우리의 내향형에 해당된다. 영지주의자에게는 물론 이 '영성적(pneumatikos)' 인간이 가장 높은 인간이었다. 기독교는 그 '정신적' 본성(사랑의 원리)을 가지고 영지주의자들과 오랜 기간 맞서왔다. 하지만 얼마 지나지 않아 역사의 이 장도 넘겨질 것이다. 시대적 징후들이 우리를 기만하는 것이 아니라면, 우리는 지금 기독교 시대의 완결점에 도달해 있기 때문이다. 우리는 진화가 일률적으로 진행되는 과정이 아니란 점을 잘 안다. 한 형태의 창조가 오랜 기간 이어진 후에는, 미발달된 채로 뒤에 남겨진 다른 형태로 되돌아가 거기서부터 다시 창조를 시작해나가는 것이 진화의 기본 성향이다.

잠시 일반적 설명으로 벗어났지만, 다시 우리의 사례로 되돌아와 보기로 하자. 만일 외향형인 사람에게 그 사업가와 유사한 장애가 발생한다면, 그는 히스테리 증세, 즉 역시나 명백히 신체적 특성을 지닌 신경증 증세를 보일 것이다. 그리고 이 증세는 이번에는 우리의 이론이 지시하는 바와 같이 환자의 무의식에 있는 미분화된 생각들에 대응될 것이다. 실제로도 히스테리 증상의 저변부에서는 많은 연구자에 의해 상세히 묘사된 광범위한 영역의 환상들이 발견된다. 그 환상들은 눈에 띌 정도로 성적인, 즉 신체적인 외관을 하고 있다. 하지만 사실 그 환상들은 미분화된 생각들로, 미분화된 느낌과 마찬가지로 어느 정도만 신체적 특성을 띤다. 그것이 '신체적 증상'의 형태로 발현되는 건 바로 이 때문이다.

이제 우리는 왜 환자에게 가장 결여된 가치들이 하필 신경증 증상 속에 감추어져 있는지 그 이유를 분명히 말할 수 있게 되었다. 그러니 다시 젊은 여성의 예로 되돌아가 새로 획득된 인식을 그 사례에 적용시켜보기로 하자. 그녀는 히스테리 증상이 있는 외향형 인물이었다. 이 환자가 분석을 받았고, 즉 치료를 통해 어떤 형태의 무의식적 생각이 증상의 배후에 놓여 있는지 알게 되었다고 가정해보자. 그녀는 무의식으로 들어가 증상에 힘을 실어준 정신적 에너지를 다시 획득하게 되었다. 그렇다면 그녀는 이제 이 사용 가능한 에너지로 무엇을 할 수 있을까? 일단 그 에너지를 자선 활동 등과 같은 유용한 외부 대상을 향해 전이시킬 수 있을 것이다. 이 환자의 심리 유형이 외향형이라는 점을 감안하면, 이런 생각은 완전히 합리적으로 보인다. 하지만 이런 일은 예외적인 소수의 경우에만 일어난다. 의미 있는 대의에 수반되는 수고와 관심을 피해 움츠러들지 않는 열정적인 사람이 아닌 이상, 이런 가능성을 택하기는 힘든 것이다. 특히 우리 환자의 사례에서는 리비도(정신적 에너지를 나타내는 전문 용어)가 이미 무의식적으로 젊은 이탈리아인을 자신의 대상으로 삼았다는 점을 잊지 말아야 한다. 이런 상황에서는 앞서 말한 것과 같은 승화를 시키기가 힘들다. 그 대상은 윤리적 활동보다 에너지가 흐르기 더 쉬운 대상이기 때문이다. 안타깝게도 세상에는 상대방을 있는 그대로 보지 않고 자신이 소망하는 대로 보는 사람이 너무나도 많다. 하지만 의사는 환자의 실제 인격하고만 관계하면서, 그 견고한 인격의 모든 측면을 인식해내려 노력해야 한다. 환자에 대한 자신의 바람 대신 벌

거벗은 진실 자체를 인식의 근거로 삼아야 하는 것이다.

현재 우리가 당면한 진실은 안타깝게도 '사용 가능한' 에너지를 우리 마음대로 사용하는 것이 불가능하다는 점이다. 그 에너지는 자기 스스로 찾아낸 자신만의 경로를 따라 흐르며, 심지어는 우리가 그것을 부적절한 형태의 속박에서 해방시켜주기도 전에 벌써 자신의 대상을 찾는다. 예컨대 우리 환자의 경우에는 젊은 이탈리아인이 차지하고 있던 그 환상의 자리가 의사 자신에게로 전이되었다. 의사 스스로 무의식적 리비도의 대상이 되어버린 것이다. 이와 다른 경우, 즉 환자가 전이가 일어났다는 사실을 인정하려 들지 않거나 의사가 이 현상을 제대로 이해하지 못하는 경우에는, 격렬한 저항이 나타나 양자 간의 관계를 완전히 무너뜨려 버린다. 이 시점에서 환자들은 다른 의사를 찾아가거나 자신을 '이해해주는' 사람을 찾아 떠나며, 이 탐색 과정에 실망하여 그것을 포기할 경우 완전히 무너져내리기도 한다.

하지만 일단 전이가 일어났다는 사실을 인정하고 나면, 환자는 이전의 대상 대신 에너지의 배출 통로로 작용하는 자연스러운 경로를 확보함으로써, 갈등에서 상대적으로 자유로워질 수 있게 된다. 이처럼 리비도 스스로 대상을 찾도록 내버려둘 경우, 그것은 보통 치료자에게로 전이된다. 이런 일이 일어나지 않는다면, 그것은 분명 환자가 자연스러운 흐름에 반항해 저항했거나, 의사가 어떤 식으로든 실수를 저질렀기 때문일 것이다.

전이가 일어난 뒤에는 무엇보다도 먼저 생각 가능한 모든 유아적 환상이 그 전이 관계에 투사된다. 따라서 그것은 부식제, 즉 분석적 방법에 의해 용해되어야 한다. 예전에는 이 과정을 **전이의 해소**라고 불렀다. 이 과정에 의해 에너지는 다시 한 번 그 부적절한 형태에서 해방되며, 이를 통해 우리는 다시 사용 가능한 에너지라는 문제와 직면하게 된다. 하지만 우리는 우리가 찾아나서기도 전에 자연이 먼저 가장 좋은 에너지의 경로를 선택한다는 점을 발견하게 될 것이다.

5장   개인적 무의식과 비개인적 무의식

우리는 이제 새로 획득된 인식의 **네 번째 단계**에 이르렀다. 유아적 환상의 전이를 분석적으로 해소하는 이 과정은, 환자가 자신의 의사를 아버지, 어머니, 보호자, 선생님, 친구 등 부모적 권위의 대변자로 만들어왔다는 점을 충분히 명백하게 인식하게 될 때까지 진행된다. 하지만 경험이 끊임없이 입증해온 바와 같이, 이 과정에서는 추가적인 환상이 나타나 의사를 다시 구세주와 같은 신성한 존재로 격상시켜 놓는다. 물론 이런 환상은 의식의 건전한 이성과는 완벽히 모순되는 현상이다. 게다가 환자가 의사에게 부여하는 그 신성한 특성들은 우리에게 익숙한 기독교적 관념의 틀에서 완전히 벗어난다. 그 환상들은 종종 온갖 동물의 형상으로 나타나며, 심지어는 이단적 유혹의 형태를 띠기도 한다.

전이라는 현상 자체는 무의식의 내용물을 분석가에게 투사하는 과정에 지나지 않는다. 그리고 맨 처음에는 이른바 '피상적'인 대상들만 투사된다. 이 단계에서 의사는 잠재적인 연인(우리 사례에 나오는 젊은 이탈리아인과 다소 유사한 방식으로)으로 환자의 흥미를 끈다. 이후 그는 아버지의 대리인이 되는데, 이 아버지는 환자 개인의 실제 경험에 따라 친절함 또는 엄격함의 상징으로 작용한다. 가끔씩 의사는 환자에게 일종의 어머니로 모습을 드러내기도 한다. 다소 이상하게 들리겠지만, 이런 일도 얼마든지 일어날 수 있다. 이 모든 환상의 투사는 개인적 추억을 그 기반으로 한다.

하지만 머지않아 터무니없을 정도로 괴팍하고 비현실적인 다른 형태의 환상들이 나타나기 시작한다. 즉 이제 의사는 환자에게 초자연적 능력을 부여받은 존재로 모습을 드러낸다. 마법사나 악마적 범죄자가 되기도 하고, 미덕의 화신이나 구세주가 되기도 하며, 이후에는 이 두 측면의 기묘한 복합체로 나타나기도 한다. 하지만 환자의 의식에 의사가 이런 형태로 나타나는 것이 아니라, 그런 환상들이 의사의 표면에 덧씌워지는 것뿐이라는 점을 분명히 이해할 필요가 있다. 만일 환자가 그 환상을 자기 자신의 무의식이 투사된 결과로 인식하지 못한다면, 그는 아마도 다소 어리석은 방식으로 행동할 것이다. 분석의 이 단계에서는 의사와 환자 양측 모두에게 상당한 선의와 인내를 요구해오는 문제들이 발생하는 경우가 많다. 몇몇 예외적인 경우 환자는 의사와 관련된 그 황당무계한 이야기를 주변 사람들에게까지 퍼뜨리고 다닌다. 그런 사람들은 그 환상이 자신의 내면에서 나온 것이며, 의사의 실제 인격과는 아무런 상관도 없다는 점을 도무지 이해하지 못한다. 이런 오류가 일어나는 건 그 독특한 투사물에 대응되는 개인적 기억이 전무하기 때문이다. 가끔씩 환자들은 어린 시절에 이와 유사한 환상을 아버지나 어머니에게 투사한 적이 있다는 점을 기억해내기도 하는데, 부모 중 어느 쪽도 그 환상에 대한 경험적 근거를 제공해주지 못한다.

프로이트는 자신의 작은 책에서 레오나르도 다 빈치(Leonardo da Vinci)의 삶이 어린 시절 두 명의 어머니가 있었다는 사실에서 큰 영향을 받았다는 점을 보여주었다. 레오나르도에게 실제로 두 명의 어머니(이중 모성)가 있었다는 건 사실이지만, 그 심상은 다른 예술가들에게도 중요한 영향을 미쳤다. 예컨대 조각가였던 벤베누토 첼리니(Benvenuto Cellini) 역시 이중 모성이란 이 환상을 경험한 것으로 전해진다. 그것은 명백히 신화적인 주제로, 전설에 등장하는 많은 영웅에게도 어머니가 두 명씩 있었다. 그 환상은 레오나르도의 어머니가 두 명이었다는 실제 사실이 아닌, 보편적 인간 심리의 비밀에 속한 '근본적 심상'을 토대로 한 것이다. 그런 환상은 개인적 기억의 영역에 속하지 않는다.

모든 개인에게는 개인적 기억과 더불어 야코프 부르크하르트(Jacob Burckhardt)가 '근본적 심상'이라고 빼어나게 묘사한 심상들이 존재한다. 이 심상들은 대대로 전해져온 인간 상상력의 가능성으로, 항상 우리의 두뇌 구조 속에 잠재되어 있다. 이 같은 정신적 계승의 존재는 동일한 전설적 주제들이 세계 전역에서 발견된다는 놀라운 현상을 설명해준다. 또한 그것은 정신질환자가 어떻게 고대 경전에서 발견되는 심상이나 연상 내용과 똑같은 것을 산출해낼 수 있는지 이해하게 해준다. 나는 나의 책 『리비도의 변환과 상징』에서 이와 관련된 사례들을 제시한 바 있다. 하지만 내가 여기서 강조하는 것은 **표상의 유전**이 아닌, **그런 표상들이 일어날 가능성**이다. 이 둘은 완전히 다른 문제이다.

어쨌든, 이처럼 개인적 경험과 무관한 환상들이 산출되는 건 전이의 해소가 충분히 진행된 뒤의 일이다. 이 시점에서 발현되는 심상은 근원적이고 보편적인 상들이 잠재되어 있는 무의식의 보다 더 깊은 층위에서 솟아난다.

이 같은 발견은 우리를 새로운 이론의 네 번째 단계, 즉 무의식 그 자체의 세분화라는 문제로 이끌어준다. 이제 개인적 무의식과 비개인적 무의식 또는 초개인적 무의식을 구분하지 않을 수 없다. 우리는 후자의 무의식에 절대적 또는 집단적 무의식이란 명칭을 부여하는데, 그것은 그 무의식이 개인적인 것에서 완전히 동떨어진 보편적 내용을 담고 있기 때문이다. 그 내용은 개인적인 경험 기억과는 달리 모든 사람의 내면에서 공통적으로 발견된다.

이 근원적 심상들은 가장 고태적이고 보편적인 인류의 심층 사고로 구성되어 있다. 그것은 생각의 특성뿐만 아니라 느낌의 특성까지 함께 지니고 있으므로, **원형적 사고-느낌**이라 부를 수 있을 것이다.

이와 더불어 우리는 유아적 형태의 전이에서 해방된 리비도가 어떤 대상을 선택하는지도 알게 되었다. 다시 말하자면 그 리비도는 무의식의 심층으로 가라앉아 태곳적부터 그곳에 잠재되어 있던 심상들을 다시 일깨운다. 인류의 내면 깊이 잠재되어 있던 보물들과 접촉하여 그것에서 신과 악마 등을 불러일으키고, 인간을 인간답게 해주는 그 모든 기상천외한 생각을 이끌어내는 것이다.

19세기에 탄생한 가장 위대한 관념 중 하나인 에너지 보존 법칙을 예로 들어보기로 하자. 이 관념을 처음으로 제시한 사람은 로베르트 마이어(Robert Mayer)였다. 그는 물리학자도 자연 철학자도 아닌 의사였는데, 그의 직업은 그런 관념의 창안자에게는 너무나도 안 어울리는 것이었다. 하지만 마이어의 생각이 '창조된' 것이 아니란 점을 분명히 인식할 필요가 있다. 그 관념은 기존 개념과 과학적 가설을 합성한 결과도 아니었다. 그것은 그의 내면에서 자라나 적절한 형태로 조건 지어졌을 뿐이다. 마이어는 1841년 당시 그리징거(Wilhelm Griesinger)에게 이렇게 썼다. "그 이론은 결코 책상 위에서 만들어낸 게 아닙니다." 그는 계속해서 선원 의사로 활동하던 기간(1840~1841) 동안 수행한 생리학적 연구에 대해 언급한다. "생리학적 문제와 관련된 통찰을 얻으려면 물리적 과정에 대한 약간의 지식이 반드시 필요합니다. 형이상적 관점에서 연구를 수행할 수도 있지만, 그건 제 취향과 완전히 상반되지요. 그래서 저는 물질의 영역에만 머물면서 제가 다루는 주제에 엄청나게 몰두했습니다. 이렇게 말하는 게 우스꽝스러워 보일지도 모르지만, 배가 지금 어디쯤 와 있는지는 신경도 안 썼지요. 저는 방해받지 않고 연구할 수 있는 이 배가무척이나 마음에 들었고, 배 위에서 많은 시간을 보내면서 전무후무한 **영감의 순간**들을 몸소 체험할 수 있었습니다."

"몇 차례에 걸친 인식의 섬광—이 일은 수라바야 항구 부근에서 일어났음—을 뒤쫓으며 성실히 연구를 진행하다 보니, 다시 새로운 주제들이 모습을 드러내기 시작했습니다. 그 순간들은 이미 지나갔지만, 나중에 **무슨 일이 일어났는지** 조용히 검토하다가, 그것이 주관적 느낌이 아닌 객관적으로 입증 가능한 진실임을 깨닫게 되었지요. **저처럼 물리학 지식이 부족한 사람**이 이런 일을 수행해도 되는가 하는 문제는 미결 상태로 남겨둘 수밖에 없었습니다."

하임(Heim)은 에너지론에 대한 저서에서 다음과 같은 견해를 표명했다. "로베르트 마이어의 새로운 이론은 전통적으로 전해져 내려온 힘의 개념에서 서서히 분화되어 나온 것이 아니다. **그것은 정신의 다른 영역에서 비롯된 직관적 사고이다. 이 직관은 전통적 개념들 사이로 불쑥 끼어든 뒤, 그 자신에 맞게 변화하라고 강압적으로 요구해온다.**"

그렇다면 그토록 근원적인 힘으로 의식을 압박하는 이 새로운 관념은 대체 어디서 솟아나는 것일까? 그 관념은 열대 지방의 모든 풍광을 완전히 무시할 정도로 강력하게 의식에 영향을 미친 그 힘을 대체 어디서 이끌어낸 것일까? 이런 의문에 답하는 것은 결코 쉬운 일이 아니다. 하지만 우리의 이론을 이 사례에 적용해보면, 에너지 보존과 관련된 그 관념이 집단적 무의식에 잠재되어 있던 근원적 심상이 틀림없다는 결론이 나올 것이다. 물론 이 같은 결론은 그와 유사한 근원적 심상이 정말로 존재했는지, 그리고 그것이 수천 년에 걸쳐 인류의 정신에 영향력을 행사해왔는지 입증할 것을 요구해온다. 사실 이에 대한 증거를 대는 건 그다지 어려운 일이 아니다. 지구상의 가장 이질적인 지역들에 퍼져 있던 원시 종교들은 바로 이 심상의 기반 위에 건립되었기 때문이다. 이른바 역동적 종교라 불리는 이 종교들은 모든 사물이 의존하는 보편적 힘이라는 독특한 관념을 공유한다. 저명한 영국 학자 테일러(Edward Tylor)와 프레이저(James George Frazer)는 이 관념을 애니미즘으로 잘못 해석했지만, 원시시대 사람들이 이 힘의 개념을 영혼이나 정령하고만 연관 지은 것이 아니다. 그들은 미국의 연구원인 러브조이(Arthur Lovejoy)가 '원시적 에너지론'이라고 적절히 명명한[23] 관념을 나타내기 위해 이 힘의 개념을 동원했다.

나는 이 주제와 연관된 연구를 통해 이 개념이 영혼, 정령, 신, 건강, 신체적 힘, 다산, 마술적 힘, 영향력, 능력, 위신, 치유력 그리고 감정을 분출시키는 마음의 특정한 상태 등을 포괄한다는 점을 보여주었다. 일부 폴리네시아 사람들은 정령, 영혼, 악마적 존재, 마술, 위신 등을 나타내기 위해 '물룽구(Melungu, 원시적 에너지 개념)'라는 표현을 사용한다. 무언가 놀라운 일이 일어나면 그들은 "물룽구"라고 외친다. 또한, 원시시대 사람들에게는 이 같은 힘의 개념이 신 관념에 대한 최초의 표현이었다. 이 신이란 심상은 역사의 과정을 거치며 수많은 변화를 겪어왔다. 구약성서에는 이 마술적 힘이 불타는 나무의 형상으로 나타나 모세의 얼굴 앞에서 빛을 발한다. 그리고 복음서에서는 그 힘이 성령의 분출로, 하늘에서 내려오는 갈라진 불의 혀로 표

---

23 *The Monist*, vol. xvi. p. 363.

현된다. 헤라클레이토스(Heraclitus)에게는 그것이 우주적 에너지로, '영원히 살아 있는 불'로 나타나고, 페르시아인들에게는 불타는 광휘, 하오마(Haoma), 성스러운 자비로, 스토아학파에게는 헤이마르메네(Heimarmene), 즉 운명의 힘으로 나타난다. 한편, 중세 전설에서는 그 힘이 아우라, 즉 성인의 후광으로 표현된다. 그것은 황홀경에 휩싸인 채 누워 있는 성인의 오두막에서 폭발적으로 뿜어져 나온다. 성인들은 일종의 광채의 저장고로, 이 힘의 총체를 그들의 얼굴에 내비친다. 고대 개념에 의하면 이 힘은 영혼 그 자체였고, 영혼 불멸에 대한 당대의 관념 속에는 그것의 보존에 대한 관념도 함께 포함되어 있었다. 불교의 윤회(영혼의 이전) 개념에도 **지속적 보존을 통한 무한한 변화의 가능성**이란 관념이 포함되어 있다.

이처럼 이 관념은 무수한 세월에 걸쳐 인간의 두뇌 속에 각인되어 왔다. 그것은 모든 사람의 무의식 속에서 솟아나기만을 기다리고 있었다. 그것이 다시 솟아나기 위해 필요한 건 오직 특정한 조건들뿐이었다. 마이어에게는 이 조건들이 충족되어 있던 게 분명하다. 가장 위대한 최상의 생각은 인류의 공동 자산인 이 근원적 심상 속에서 저절로 주조되어 나오는 것이다.

그러면 이제 전이 과정에 대한 묘사로 되돌아가 보자. 앞서 우리는 환자의 리비도가 외관상 터무니없고 기묘한 환상들, 즉 집단적 무의식의 내용을 새로운 대상으로 취한다는 점을 살펴보았다. 그런데 이미 말했듯이 이 근원적 심상들이 의사에게 무의식적으로 투사되고 나면, 그 중요성을 결코 과소평가할 수 없는 향후의 치료 과정이 위기에 처하게 된다. 그 심상들에는 인류의 모든 아름답고 위대한 생각과 느낌뿐만 아니라 인간이 저지를 수 있는 모든 치욕과 악행까지 함께 포함되어 있는데, 환자가 이 투사물들과 의사의 인격을 분리해내지 못하면, 상호 이해가 차단되어 인간적 관계가 종식되고 만다. 하지만 환자가 이 카리브디스(Charybdis)[24]를 피한다 해도 무의식적 심상들을 집어삼키는 스킬라(Scylla)[25]에게 다시 걸려들기 쉽다. 즉 그는 무의식의 특성을 의사에게 투사하는 대신 그것을 자기 자신의 특성으로 간주한다. 이런 태도 역시 위험하기는 마찬가지이다. 무의식을 투사하면 의사에 대한 병적 신격화와 악의적 경멸 사이를 오가게 되지만, 자기 것으로 동화시키면 우스꽝스러운 자기 신격화나 도덕적 자기 학대 속으로 굴러떨어지게 되는 것이다. 이 후자의 경우 환자의 실수는 집단적 무의식의 내용을 집어삼켜 자기 자신을 신 또는 악마로 만들어놓았다는 점이다. 인간이 항상 악마를 필요로 했던 이유, 그리고 신 없이는 살 수 없었던 심리학적 이유가 바로 여기에 있다. 물론 예외도 있다. 유독 영리했던 고대의 일부 서구인은 신을 없앤 뒤 스스로 신의 자리에 등극했다. 또한 존재하기 위해 진정제를 필요로 했던 니체의 사례도 있다. 이 초인들은 두터운 두개골과 차가운 심장을 지닌 이성의 신, 하급 신이 되기조차 했다. 하지만 어쨌든 이 신 관념은 신의 존재라는 문제와는 아무런 연관성도 없는

---

24 [역주] 거대한 소용돌이를 일으켜 배를 난파시킨다는 그리스 신화의 괴물.
25 [역주] 카리브디스의 반대편에서 다가오는 배들을 공격한다는 괴물.

비합리적이고 필수적인 하나의 심리 기능일 뿐이다. 사실 신의 존재를 묻는 건 인간이 할 수 있는 가장 얼빠진 일이다. 인간은 인과적으로 조건 지어지지 않은 과정을 상상조차 할 수 없기 때문에, 신에 대해 생각할 수 없고, 그의 존재를 증명할 수도 없다. 예컨대 이론적으로 말하자면, 우연이란 것은 존재할 수 없다. 그것은 확실한 사실, 진실이다. 하지만 실제 삶에서 우리는 우연적 사건과 무수히 맞닥뜨린다. 신의 존재 역시 이와 비슷하다. 그것은 전적으로 불합리한 문제이지만, 사람들은 수 억 년 전부터 신에 대해 말해왔고, 앞으로도 말하기를 그치지 않을 것이다. 인간의 이성이 아름답고 완벽해 보일지는 몰라도, 그것은 가능한 정신 기능의 한 측면일 뿐이다. 그것은 전체 현상의 한쪽 측면에만 상응하며, 그 주변은 이성과 조화될 수 없는 비합리성으로 둘러싸여 있다. 그런데 이 비합리성이란 건, 이성과 같은 하나의 심리적 기능, 본질적으로 이성적인 의식에 대비되는 집단적 무의식이다. 의식에게는 이성적 연관 관계가 반드시 필요하다. 무엇보다 먼저 우주의 무질서한 개별 현상들 속에서 약간의 질서를 발견해야 하고, 이를 통해 인간적 가능성의 영역 내에 있는 일들을 수행해야 하기 때문이다. 우리는 우리의 내면과 외부에 있는 비합리성의 혼돈을 제거하기 위해 유익하고도 훌륭하게 노력하고 있다. 그리고 분명 이 과정에서 상당한 진보를 이루었다. 한 정신질환 환자는 내게 "선생님, 지난 밤 저는 승화를 통해 천국 전체를 소독했지만, 어떤 신도 발견하지 못했습니다"라고 말했다. 그런데 이와 비슷한 일이 우리에게 일어나고 있다. 고대의 진정한 현자였던 헤라클레이토스는 그 무엇과도 비교할 수 없는 최상의 심리 법칙, 즉 반대되는 것들의 상호 조절이란 법칙을 발견했다. 그는 여기에 '에난치오드로미아(enantiodromia, 서로 부딪힘)'라는 이름을 붙였는데, 이 말에는 모든 것이 언젠가는 그 반대되는 것과 만난다는 의미가 담겨 있다(여기서 미국인 사업가의 사례를 떠올려보기 바란다. 그 사례는 에난치오드로미아가 무엇인지 명백히 보여준다). 문명의 이성 중심적 태도는 그것과 반대되는 것, 즉 문명의 비합리적 파괴 속에서 종말을 고하게 되어 있는 것이다. 따라서 인간은 자신을 이성과 **동일시**해서는 안 된다. 그는 전적으로 이성적인 존재가 아니고, 그럴 수도 없으며, 그렇게 되어서도 안 되기 때문이다. 문명화된 모든 '지성인'은 바로 이 사실에 주목해야 한다. 비합리적인 것은 근절시킬 수 없고 근절되지도 않을 것이다. 신은 죽을 수 없고 죽어서도 안 될 것이다. 이성 중심주의로 천국을 소독하는 자들에게 화 있을진저. 그들이 절대적 기능으로 신을 인정하지 않는다면, 신적 전능성이 그들 자신 속으로 들어가버리고 말 것이다. 그들은 무의식과 자기 자신을 동일시할 것이고, 이를 통해 그 무의식에 놀아나게 될 것이다(신과 가장 가까운 곳은 위험도 가장 크기 때문이다). 지금 벌어지는 이 전쟁을 경제 전쟁으로 간주해야 할까? 그런 생각은 무뚝뚝하고 '효율적인' 미국식 사고이다. 그것은 피와 눈물, 전례 없는 악행과 엄청난 고통을 고려하지 않으며, 이 전쟁이 **광기의 창궐**이란 점을 완벽히 무시한다. 하지만 현재 여러 집단은 그들의 무의식을 서로에게 투사하면서, 모든 사람의 머릿속에 광기 어린 관념의 혼돈을 일으키고 있다. 이것이 바로 인간의 집단적 삶과 개인적 삶에서 일어나는 에난치오드로미아이다. 바벨탑 전설의 진실성이 입증되고 있는 것이다.

이 에난치오드로미아의 잔인한 법칙에서 자유로울 수 있는 사람은 오직 무의식에서 자기 자신을 분리시킬 줄 아는 사람뿐이다. 그렇다고 그 무의식을 억압해서는 안 된다. 그렇게 하면 무의식이 뒤에서 그를 사로잡을 것이기 때문이다. 그 대신 그는 **그 무의식을 자신과 완전히 다른 무엇으로 자기 자신 앞에 분명히 제시할 수 있어야** 한다.

이것이 앞서 제시한 스킬라와 카리브디스 문제의 해답이다. 환자는 자신의 생각 속에서 자아와 비자아를 구분할 수 있도록 훈련받아야 한다. 여기서 비자아란 물론 집단적 정신 또는 절대적 무의식을 말한다. 이 방법을 통해 그는 앞으로 오랜 기간 동안 타협해나가야 할 재료를 확보하게 될 것이다. 그리고 이로 인해 부적절한 병적 형태로 흘러들어 가던 에너지는 적절한 경로를 찾게 될 것이다. 심리적 비자아와 심리적 자아를 구분해내려면, 인간은 반드시 그 자신의 자아 기능에 확고히 발을 딛고 서야 한다. 즉 그는 **모든 측면에서 생생히 살아 있는 인간 사회의 한 구성원이 될 수 있도록, 삶에 대한 자신의 의무를 완전히 충족시켜야** 한다. 이 영역에서 그가 무시하는 모든 것은 무의식으로 가라앉아 무의식을 강화하기 때문이다. 만일 자아 기능이 제대로 확립되어 있지 않다면, 그는 그 무의식에 집어삼켜질 위험에 처할 것이다. 그런 태도에는 실로 심각한 불이익이 뒤따른다. 오래전 시네시우스(Synesius)는 "영화된 영혼은 신인 동시에 악마가 되어 신성한 불이익을 겪게 된다"고 말한 바 있는데, 이는 그 영혼이 자그레우스(Zagreus)[26]처럼 갈가리 찢기는 고통을 받게 된다는 뜻이다. 니체가 광기의 초기에 겪은 것도 바로 그런 고통이었다. 『이 사람을 보라』를 쓰던 당시 니체는 신에게 정면으로 반항했지만, 그 신은 결국 그를 뒤에서 덮쳐버리고 말았다. 따라서 쪼개진 대극의 쌍과 마주하는 일은 오직 '신'에게만, 그리고 신들을 넘어 신과 같이 된 성인들에게만 적합한 일이라 할 수 있을 것이다.

---

26 [역주] 제우스의 아들. 제우스의 모든 권능을 물려받았지만, 헤라의 시기로 티탄족에게 갈가리 찢겨 죽음.

　　종합의 방법

이제 우리는 새 이론의 **다섯 번째 단계**에 도달했다. 무의식과 타협해나가는 이 과정을 우리는 전문 용어로 '초월적 기능'이라 부르는데, 그것은 이 과정에서 새로운 기능 하나가 모습을 드러내기 때문이다. 즉 실제적 정보와 상상적 정보, 합리적 정보와 비합리적 정보 모두를 기반으로 하는 이 작업은, 정신의 합리적 기능과 비합리적 기능 사이에 다리를 놓는 효과를 가져다준다. 꿈이나 환상 같은 심리 자료를 다루는 새로운 방법이 이 초월적 기능의 토대가 되는 셈이다. 앞서 다룬 두 이론은 꿈과 환상을, 그것의 구성 요소로 작용하는 기억이나 그 바탕에 깔린 본능적 과정으로 축소시키는 인과·환원적 방법에만 의존하고 있었다. 나는 그 방법의 한계와 효용에 대해 이미 언급한 바 있다. 간단히 요약하자면, 그 방법은 꿈의 상징들이 개인적 회상이나 열망으로 축소되기를 거부하는 시점, 즉 집단적 무의식의 상들이 산출되기 시작하는 시점 전까지는 상당히 유용하게 작용한다. 하지만 새로 산출된 집단적 관념들까지 개인적인 것으로 축소하는 순간, 그 행위는 부적절한 것으로 돌변하고 만다. 아니, 사실 그것은 부적절할 뿐만 아니라 유독하기까지 하다. 나는 매우 불쾌한 경험들을 통해 그 해악을 실감할 수 있었다. 집단적 무의식의 심상과 상징이 지닌 진정한 가치는 오직 종합의 방법을 통해서만(분석적 방법이 아니라) 밝혀질 수 있다. 분석적 방법(인과·환원적 방법)이 상징을 그 구성 요소들로 분해하는 것과는 달리, 종합적 과정은 상징을 보편적이고 이해 가능한 표현물로 합성해낸다. 하지만 이 합성적 과정을 설명하는 건 결코 쉬운 일이 아니므로, 나는 구체적인 예를 들어가면서 그 전체 과정을 묘사해볼 생각이다.

한 환자는 다음과 같은 꿈을 꾸었다. 그녀는 개인적 무의식의 분석이 끝나고 집단적 무의식의 표출이 시작되는 결정적인 지점에 와 있었다. "저는 빠르게 흐르는 넓은 강을 건너려 하고 있어요. 다리는 보이지 않지만 건너갈 수 있는 얕은 여울을 찾았어요. 그런데 그곳으로 발을 딛는 순간, 물속에 숨어 있던 커다란 게가 내 발을 물고 놓아주질 않아요." 그녀는 공포에 휩싸인 채 잠에서 깼다. 꿈과 연관된 연상 내용은 다음과 같다.

1. 강 – 건너기 어려운 경계란 느낌이 든다. 나는 어떤 장애를 극복해야만 한다. 아마도 내가 삶을 너무 느리게 헤쳐나가고 있다는 점을 나타내는 것 같다. 아무래도 강 건너편에 도달해야 할 것 같다.

2. 여울 – 안전하게 건너갈 기회, 가능한 길 등을 나타낸다. 이 여울이 없다면 강은 건너기 힘들 것이다. 장애를 극복할 가능성이 이 분석 치료에 있다는 점을 나타내는 것 같다.

3. 게 – 게는 물속에 완전히 숨어 있었고, 따라서 처음에는 그것을 보지 못했다. 암은 무서운 불치병이다(암으로 사망한 X부인에 대해 언급함). 나는 그 병이 두렵다. 게[27]는 뒤로 걷는 생물이다. 그 게는 분명 나를 강 속으로 끌어들이고 싶어 한다. 그것은 나를 꽉 움켜쥐었고, 나는 끔찍이도 겁이 났다. 나를 방해하는 이것은 대체 무엇일까? 아, 그래, 친구가 겪었던 일 하나가 생각난다.

이 친구 관계에 특별한 무언가가 있었다는 점을 밝혀둘 필요가 있다. 그들의 관계는 수년에 걸쳐 지속되어온 것으로, 동성애에 근접하는 정열적 집착의 성격을 띠고 있었다. 그 친구는 여러 면에서 우리 환자와 닮아 있었고, 역시나 신경증적 기질을 지니고 있었다. 그들은 함께 예술적 관심사 등을 공유해왔지만, 우리 환자의 성격이 더 남성적이었다. 신경증적인 이 둘의 관계는 서로의 관심을 완전히 빼앗을 정도로 강렬했기 때문에, 그들은 삶의 다른 가능성들에서 단절되어 있었다. 하지만 이 같은 '이상적 우정'에도 불구하고, 그들은 서로에 대한 민감성으로 인해 종종 갈등을 빚었다. 상대와 거리를 두고 싶은 무의식적 소망은 분명 있었지만, 그들은 그 욕구를 의도적으로 무시

---

27 게를 나타내는 독일어 Krebs에는 암이란 뜻도 있다.

했다. '갈등'은 보통 둘 중 한 명이 상대에게 충분히 이해받지 못했다는 사실을 발견하는 것으로 시작되어, 좀 더 터놓고 이야기하자는 쪽으로 방향을 잡아나갔다. 그들은 대화로 문제를 해결하기 위해 열정적으로 노력했지만, 새로운 오해가 곧 다시 끼어들어 또 다른 갈등을 유발시켰다. 갈수록 심해지는 이 갈등은 양측 모두에게 '부득이한' 쾌락을 제공해주었고, 그들은 이 쾌락을 결코 포기하려 하지 않았다. 특히 우리 환자는, 비록 싸움이 "죽도록 지겹다"고 말하긴 했지만, 자신의 가장 친한 친구에게 이해받지 못하는 그 달콤한 고통을 오래도록 포기하지 못했다. 하지만 그녀는 이 관계가 무의미해졌다는 점을 오래전부터 인식해왔고, 그 관계를 이상적인 것으로 만들겠다고 집착하는 것이 그릇된 야심에서 비롯된 것이라는 점을 이해하고 있었다. 우리 환자는 오래전부터 자신의 어머니와 환상적이고 병적인 유대 관계를 맺어온 여성이었는데, 어머니가 죽자 그 감정을 자신의 친구에게로 전이시켰다.

인과, 환원적 해석

이 유형의 해석은 다음과 같이 한 문장으로 요약할 수 있다. "나는 강의 반대편으로 건너가야 한다는 점을(즉 친구와의 관계를 끝내야 한다는 사실을) 잘 안다. 하지만 내 친구가 집게발(포옹)을 놓아주려 하지 않는다." 이를 **유아적 소망**의 언어로 표현하면, '어머니가 열정적 포옹으로 나를 다시 자신에게 끌어들이려 한다'와 같이 될 것이다. 그녀가 이 소망을 받아들이지 못하는 건, 실제 사실들에 의해 충분히 입증된 잠재적 **동성애 성향** 때문이다. 앞서 보았듯, 꿈에 나타난 그 게는 그녀의 발을 꽉 붙잡는다. 그런데 이 환자는 크고 '남성적인' 발을 지녔고, 친구와의 관계에서 남성 역할을 하면서 그에 상응하는 성적 환상을 즐겨왔다. 발이 남근과 비슷한 의미를 지닌다는 점은 잘 알 것이다(이에 대한 구체적 근거는 독일의 심리학자 아이그레몬트(G. Aigremont)의 저작을 참조할 것). 따라서 이를 바탕으로 꿈을 완전히 해석하면 다음과 같이 될 것이다. "그녀가 친구를 떠나지 못하는 이유는 무의식적 동성애 소망에 사로잡혀 있기 때문이다. 그 소망은 도덕적, 미적으로 의식의 성향과 공존할 수 없기 때문에 억압되어 무의식이 되었다. 환자의 불안은 이 억압된 소망의 표현이다."

이 해석은 우정과 관련된 환자의 고결한 이상을 바닥까지 끌어내린다. 하지만 이 시점에서 내가 그녀에게 이 해석을 제시한다 해도, 그녀는 그것을 더 이상 불쾌하게 받아들이지 않을 것이다. 특정한 사실들이 우리 환자에게 동성애 성향을 충분히 납득시킨 뒤였기 때문이다. 물론 쉬운 과정은 아니었지만, 그녀는 자신의 그런 성향을 솔직히 인정할 수 있었다. 따라서 치료의 이 단계에서 내가 그 해석을 제시하더라도, 나는 그녀에게 저항받지 않아야 마땅할 것이다. 우리 환자는 이해를 통해 이미 그 불쾌한 성향의 수용에 따르는 고통을 극복했기 때문이다. 하지만 그녀는 내게 이렇게 말하곤 했다. "이 꿈을 대체 왜 분석하는 거죠? 오래전부터 알고 있었던 사실을 단순히 반복하는 것뿐이잖아요." 이 해석이 우리 환자에게 새로운 것을 아무것도 드러내주지 않았다는 점은 사실이다. 그녀에게는 그 해석이 의미 없고 무익한 것에 불과했다. 하지만 치료의 시작 단계에서는 이런 종류의 해석을 제시하는 것 자체가 불가능했을 것이다. 새침하게 점잔빼던 우리 환자의 태도와 동성애 성향은 결코 공존할 수 없기 때문이다. 따라서 나는 이해라는 이 '쓴 약'을 환자가 완전히 교화될 때까지 매우 조심스럽게 소량씩 주입할 수밖에 없었다. 하지만 이 분석적이고 인과, 환원적인 해석이 새로운 이해를 제공하는 대신 계속해서 같은 내용의 변형들만 산출해낸다면, 이제 완전히 다른 유형의 해석이 필요한 순간이 온 것이다. 이 인과, 환원적 과정에는 몇 가지 결점이 있다. 첫째, 그것은 환자의 연상 내용—이 경우에는 '게'(Kreb, 즉 암)에서 연상된 '암'이라는 질병—에 대해 철저히 숙고하지 않는다. 둘째, 그것은 그 특정한 상징이 선택된 이유를 밝혀주지 않는다. 예컨대 그 친구-어머니는 왜 하필 게의 형태로 나타나는가? 그보다는 님프라는 표상(반은 여인이 끌어당겨, 반은 그 스스로 잠겨[28])이 한결 보기 좋고 적절했을 것이다. 또한, 문어나 용, 뱀, 물고기 등도 같은 역할을 맡을 수 있었을 것이다. 셋째, 이 인과, 환원적 과정은 꿈이 하나의 주관적 현상이란 점을 완전히 무시한다. 따라서 그것은 게를 어머니나 친구에 대한 '꿈꾸는 자의 생각'이 아닌, 실제의 어머니나 친구 그 자체와 연관 짓는다. 하지만 사실 꿈은 꿈꾸는 자 그 자신일 뿐이다. 즉 강과 강을 건너는 자와 게는 다름 아닌 그녀 자신이

---

28 "Halb zog sie ihn, halb sank er hin"; 괴테의 시 「어부」 중.

다. 이런 세부적 요인은 주체의 무의식에 있는 심리적 조건과 경향성의 주관적 표현에 불과한 것이다.

따라서 나는 다음과 같은 용어법을 도입했다. 나는 꿈속의 상징물이 현실에 있는 실제 대상의 표현이라고 간주하는 해석을 **객관적 평면에 놓인 해석**이라 부른다. 그리고 이와 반대되는 해석, 즉 꿈의 모든 단편들(예컨대 꿈속의 모든 행위자)을 꿈꾸는 자 그 자신과 연결시키는 해석을 **주관적 평면에 놓인 해석**이라 부른다. 이중 객관적 해석은 **분석적**이라 할 수 있는데, 왜냐하면 그것이 꿈의 내용을 기억 요소들로 분할하여 실제 현실의 조건들과의 연관 지으려 하기 때문이다. 한편, 주관적 해석은 **종합적**이라 부를 수 있는데, 왜냐하면 그것이 주체의 경향이나 부분들로 간주되는 근본적 기억 요소들을 그 현실적 원인에서 떼어낸 뒤, 주체 자신과 재통합시키기 때문이다(무언가를 경험할 때 나는 단지 그 대상을 경험하는 것이 아니라, 무엇보다 먼저 나 자신을 경험하는 것이다. 경험되는 것은 대상에 대한 주관적 인식이기 때문이다).

따라서 종합적이고 구성적인 해석[29]은 주관적 평면 위에 놓인 경험을 그 기반으로 한다고 할 수 있다.

종합적(구성적) 해석

우리 환자는 극복해야 하는 장애, 즉 건너기 어려운 그 강물이 자

---

29 이 과정은 '해석적 방법'이라 불리기도 한다.

기 자신의 내면에 있는 것이라는 사실을 모르고 있었다. 물론 그 강을 건너는 건 가능한 일이었지만, 여기서는 뜻밖의 독특한 위험, 즉 뒤로 걸으면서 강의 심연 속으로 그녀를 끌고 들어가고 싶어 하는 '동물적인'(비인간적이거나 초인간적인) 무엇이 앞길을 가로막고 있었다. 게다가 그 위험은 은밀히 발생하고 치유도 불가능한(압도적인) 질병인 암과 닮아 있었다. 우리 환자는 앞길을 가로막으면서 자신을 아래로 끌어내리려 하는 그것이 자신의 친구라고 생각하고 있었다. 그것이 그녀의 믿음인 한, 우리 환자는 끌려 내려가는 것을 피하기 위해 그 친구를 가르치고 향상시키고 '끌어올리는' 등의 무익하고 헛된 이상적 노력을 기울일 것이다. 그리고 환자와 같은 상황에 처해 있는 그 친구 역시 그와 비슷한 노력을 기울일 것이다. 결국 이 두 친구는 싸움질하는 닭들처럼 서로를 향해 뛰어오르며 상대의 위에 자리 잡으려 발버둥치게 될 것이다. 한편에서 높은 지점을 차지하면, 다른 한편은 더 높은 지점을 차지하려들 것이다. 왜 그런가? 양측 모두 잘못이 상대방, 즉 현실적 대상에게 있다고 생각하기 때문이다. 하지만 주관적 평면에서 이루어지는 꿈 해석은 이 부조리에서 벗어날 수 있도록 해준다. 그 해석은 '강을 건너지 못하도록' 하는 그것, 즉 하나의 태도에서 다른 하나의 태도로 옮겨가지 못하도록 하는 그것이 바로 환자 자신의 내면에 있다는 점을 보여주기 때문이다. 장소의 변화를 태도의 변화로 보는 이 같은 해석은 일부 원시 언어의 표현들을 통해 뒷받침된다. 예컨대 '나는 막 떠나려는 참이다(I am on the point of going)'라는 표현은 사실 '나는 떠나려는 장소에 있다'는 뜻이다. 이처럼 꿈의 언어를 이해하려면, 우리는 원시인의 심리학과 고대 상징에 나타난 대응물들을 적극적으로 활용해야 한다. 꿈은 인간 진화 역사의 모든 잔류물을 포함하는 무의식에서 비롯된 것이기 때문이다.

이제 우리 해석의 모든 것은 꿈에 왜 '게'가 나타났는지 이해하는 일에 달려 있다. 우리는 그 게가 친구를 통해 드러나는 무언가를 상징하며(환자는 게를 친구와 연관 짓는다), 어머니에게서 연상되는 무언가를 나타내기도 한다는 점을 잘 알고 있다. 하지만 어머니와 친구에게 그런 특성이 실제로 있는지는 우리 환자와 무관한 문제이다. 상황은 오직 환자 스스로 변할 때만 개선될 것이기 때문이다. 일단 어머니를 변화시키는 건 불가능하다. 이미 사망했기 때문이다. 또한 앞서 말했듯, 친구에게도 변화를 강요할 수는 없는 노릇이다. 만일 그 친구 스스로 변화를 원한다 하더라도, 그것은 어디까지나 그녀 자신의 일일 뿐이다. 그런데 여기서 문제가 되는 그 특성이 어머니와 연관되어 있다는 사실은, 그것이 유아적인 무엇이라는 점을 암시해준다. 그렇다면 우리 환자가 어머니 및 친구와 맺은 관계에는 어떤 공통점이 있는 것일까? 양자와의 관계에서 공통된 것은, 터무니없을 정도로 격렬한 사랑에의 욕구이다. 환자는 이 맹목적이고 유아적인 욕구에 압도당했다고 고백한 바 있다. 따라서 여기서 문제되는 것은 본능의 강박적 성격을 여전히 보유하고 있는 미분화된 리비도 또는 교육받지 못한 리비도라 할 수 있을 것이다. 그것이 본능적 성격을 띠는 건 아직 교화를 통해 길들여지지 않았기 때문이다. **동물**은 아마도 이런 유형의 리비도를 나타내는 완벽한 상징일 것이다. 그렇다면 이 경우에 왜 하필 게라는 동물이 선택된 것일까? 우리 환자는 이 게에서 암이란 질병을 연상해냈다. 그런데 환자의 어머니였던 X부인은 현재 환자가 도달한 바로 그 나이에 이 병으로 사망한 바 있다. 따라서 이 같은 대상 선택은 환자가 X부인을 자신과 동일시했다는 점을 나타내준다. 그러므로 X부인에 대해 좀 더 알아볼 필요가 있다. 환자가 자신의 어머니를 묘사한 바에 의하면, X부인은 젊어서 과부가 된 여성으로, 매우 활달했고 삶을 즐겼다. 그녀는 수많은 남성과 모험을 즐겼는데, 그중에서도 특히 재능 있는 한 예술가와 관계가 각별했다. 우리 환자는 그 남성과 개인적으로 알고 지냈으며, 그를 매우 매력적이고 기묘한 남성으로 기억하고 있었다.

동일시는 오직 인식되지 않은 무의식적 유사성이 있을 때만 일어날 수 있다. 그렇다면 우리 환자는 X부인과 어떤 유사성을 지닌 것일까? 나는 이 시점에서 환자에게 그녀에게도 역시 방탕한 기질이 있다는 점을 나타내주는 일련의 환상과 꿈을 상기시킬 수 있었다. 부도덕한 삶 속으로 빠져들지 모른다는 모호한 두려움 때문에 억압하고 있긴 했지만, 이런 성향은 분명 그녀에게도 존재하고 있었다. 이로써 우리는 그 '동물'의 역할을 제대로 이해하기 위한 추가적 요인을 확보하게 되었다. 그 동물은 분명 남성을 향한 길들여지지 않은 욕망과 본능적 탐욕의 상징이다. 또한, 우리는 그녀가 친구를 떠나지 못하는 이유도 더 잘 이해하게 되었다. 그녀가 친구에게 집착하는 건, 훨씬 위험해 보이는 이 다른 경향 속으로 말려들지 않기 위함이다. 이런 수단들을 통해 그녀는 일종의 방어벽으로 작용하는 유아적 동성애 단계에 머물 수 있었다(미숙한 유아적 관계를 유지하는 가장 큰 이유가 이와 같은 방어 체계를 구축하기 위함이란 점은 경험을 통해서도 입증된 바 있다). 하지만 물론 그녀의 행복과 건강한 인격—삶의 위험을 피해 움츠러들지 않는—의 씨앗은, 바로 그 손실된 동물적 리비도 속에 들어 있다.

그런데 이 환자는 X부인의 운명에서 또 다른 결론을 이끌어냈다. X부인의 불치병과 그로 인한 죽음을, 우리 환자가 항상 시기했던—비록 공공연히 고백한 것은 아니지만—그녀의 방종한 생활 방식에 대한 징벌로 해석한 것이다. X부인이 죽었을 때 환자는 침울한 표정을 지었지만, 사실 그 아래에는 '인간적인, 너무나도 인간적인' 악의적 만족감이 숨겨져 있었다. 우리 환자는 자신의 이런 성향에 대한 일종의 징벌로 자기 자신을 삶과 성장에서 단절(X부인의 예를 경고로 삼아)시킨 뒤, 그 불만족스러운 우정의 짐을 스스로 짊어지고 말았다. 물론 우리 환자는 이 같은 연관성을 제대로 의식하지 못하고 있었다. 만일 그녀가 그 연관성을 의식했더라면, 결코 지금처럼 행동하지는 않았을 것이다. 이 같은 결론의 진실성은 관련된 자료들을 통해 충분히 입증해낼 수 있다.

하지만 동일시가 여기서 끝나는 것은 결코 아니다. 환자는 X부인에게 무시할 수 없는 예술적 재능이 있었다는 사실을 추가로 강조한 바 있다. 그 재능은 남편의 사망 후에야 모습을 드러내 그 예술가와의 우정을 성사시켜주었다. 아마도 이 예술가적 기질이 동일시를 자극한 필수 요인 중 하나일 것이다. 환자가 그 예술가에게 강렬한 인상을 받았다는 사실을 떠올려보기 바란다. 이런 종류의 매혹은 결코 한 사람에게서 다른 사람에게로 일방적으로 전달되지 않는다. 그것은 영향력을 행사하는 사람과 적절한 소인을 지닌 사람 간에 일어나는 하나의 상호 작용이다. 그렇지만 우리 환자는 자신에게 그런 성향이 있다는 사실을 의식하지 못한 것이 분명하다. 그것을 의식했더라면 매혹은 일어나지 않았을 것이기 때문이다. 매혹이란 현상은 의식적 기반이 결여된 일종의 강박 현상이다. 즉 그것은 의지력을 행사하는 과정이 아니라, 무의식의 영향력에 사로잡히는 하나의 강박적 과정이다. 모든 강박은 항상 그 무의식적 동기들에서 솟아오른다. 따라서 우리는 우리 환자에게도 그와 비슷한 예술가적 기질이 무의식에 잠재되어 있을 것이라고 추정해볼 수 있을 것이다. 그런데 그녀는 그 예술가와 동일시됨으로써 **남성**과의 동일시까지 함께 가능하게 됐다. '남성적' 발에 대한 암시가 담긴 꿈의 해석을 떠올려보면 이 점이 납득이 갈 것이다. 사실 우리 환자는 친구와의 관계에서 철저히 남성적인 역할을 떠맡았다. 그녀는 관계를 이끄는 적극적 인물로, 친구에게 명령을 했고, 때로는 자기만 원하는 일을 친구에게 다소 폭력적으로 강요하기조차 했다. 그녀의 친구는 외모로 보나 성품으로 보나 명백히 여성적인 인물이었지만, 우리 환자는 외모에서도 다소 남성적인 분위기가 묻어났고, 목소리 역시 친구에 비해 더 힘차고 굵었다. 그런데 환자는 X부인을 매우 여성적인 인물로 묘사하면서, 그녀의 상냥함과 사랑스러움을 친구의 성품에 빗대었다. 이는 우리에게 새로운 실마리를 제공해준다. 즉 환자는 분명 친구와의 관계에서 그 남성 예술가의 역할을 떠맡고 있었을 것이다. 무의식적으로 X부인 및 예술가와의 동일시를 완결지음으로써 조심스레 억압해온 자신의 방종한 기질을 표출해낸 것이다. 하지만 물론 그녀가 의식적으로 그런 삶을 산 것은 아니다. 단지 자신의 무의식적 경향에 완전히 농락당한 것뿐이다.

이제 우리는 게에 대해 많은 것을 알게 되었다. 한마디로 그 게는 이 길들여지지 않은 리비도에 대한 심층 심리학적 표현이다. 그 무의식적 동일시의 대상은 그녀를 끊임없이 끌어들여왔다. 그것이 환자에게 그토록 강력한 영향력을 행사한 건 그 내용들이 인식과 통찰의 영향력에서 자유로운 무의식에 잠겨 있었기 때문이다. 게가 바로 그 무의식적 내용들에 대한 상징인데, 그 내용들은 친구와의 관계를 유지하도록 끊임없이 환자를 유혹해왔다(게는 뒤로 걷는 생물이다). 하지만 그 친구와의 우정은 사실상 병과 동의어이다. 그 관계로 인해 신경증이 발병했기 때문이다('질병'에 대한 연상이 일어난 이유).

엄격히 말하자면, 이 해석은 사실 '객관적 평면에 놓인 해석'에 해당된다. 하지만 우리는 **주관적 해석**을 적용하여 진정한 이해와 해석학적 본질에 가닿아야 한다는 사실을 잊지 말아야 한다. 실용적 목적을 위해서라면 이미 확보한 이해만으로 만족할 수도 있겠지만, 우리는 여기서 모든 이론적 요구 사항을 충족시켜볼 작정이다. 우리는 아직 모든 연상 내용을 활용하지 못했고, 선택된 상징의 중요성을 충분히 입증해내지도 못했다.

이제 '게가 강물 속에 숨어 있어 처음에는 보지 못했다'는 환자의 언급으로 되돌아가고자 한다. 그녀는 처음에는 방금 우리가 밝혀낸 무의식적 연관성을 인식하지 못했다. 그것이 물속에 숨겨져 있었기 때문이다. 하지만 강은 반대편으로 건너가지 못하도록 그녀를 가로막는 장애물이기도 하다. 따라서 그것은 환자의 성장을 가로막으며 그녀를 친구에게 묶어놓던 무의식적 연관성 자체라 할 수 있을 것이다. 무의식이 바로 장애물인 것이다. 그러므로 이 경우 물은 무의식을 상징한다고 할 수 있을 것이다. 아니, 그보다는 차라리 **무의식적인 상태**, 숨겨진 상태를 나타낸다고 말하는 편이 더 나을 듯하다. 게 역시 무의식적인 무엇, 즉 무의식 속에 숨겨져 있던 리비도의 한 측면을 나타내기 때문이다.

7장 초개인적 무의식의 지배

이제 우리 앞에 놓인 과제는 객관적 평면 위에 밝혀낸 무의식적 관련성과 정보를 주관적 평면 위로 옮겨놓는 것이다. 이를 위해 우리는 그 내용을 대상에서 다시 한 번 분리시켜야 한다. 즉 우리는 그 내용들을 환자 자신의 무의식에 있는 콤플렉스와 주관적으로 연관되어 있는 심상들로 간주해야 한다. 일단 주관적 평면으로 옮겨진 X부인은 환자가 무의식적으로 원하는 동시에 두려워하기도 했던 무언가를 실행에 옮기는 법을 보여준 인물이다. 따라서 X부인은 환자 스스로 그렇게 되고 싶어 하면서도 다른 한편으로는 싫어했던 인간형을 나타낸다고 볼 수 있다. X부인은 어떤 의미에서는 환자의 미래상 자체이다. 하지만 그 매혹적인 남성 예술가는 주관적 평면으로 옮겨질 수 없다. 환자의 무의식에 잠재되어 있는 예술가적 재능은 이미 X부인의 심상 위로 덧씌워졌기 때문이다. 그렇지만 그 예술가가 환자

내면에 잠재되어 있는 남성적 요소의 상이란 점에는 의심의 여지가 없다. 그것은 의식적으로 실현되지 못했기 때문에 여전히 무의식에 잠겨 있는 무의식적 심상이다. 이는 실제로도 그랬는데, 우리 환자는 이 문제와 관련해 자기 자신을 완전히 속이고 있었다. 즉 자기 자신을 아주 온화하고 민감하며 여성적인 인물로, 남성적 기질 같은 건 찾아볼 수조차 없는 인물로 간주하고 있었다. 내가 그녀의 남성적 성향을 환기시켰을 때, 그녀는 분노가 섞인 놀라움을 표출했다. 하지만 환자가 그 예술가의 신비스러운 무언가에 매혹된 이유까지 그녀의 남성적 기질 탓으로 돌릴 수는 없다. 그 측면은 그녀에게 완전히 낯선 것으로 다가왔기 때문이다. 그럼에도 그것은 어딘가에 숨어 있는 것이 틀림없다. 어쨌든 그녀 스스로 그런 느낌을 불러일으켰기 때문이다.

이처럼 리비도의 한 측면이 발견되지 않을 경우, 경험이 우리에게 가르쳐주는 바는 그것이 이미 **투사**되었다는 것이다. 그렇다면 그것은 누구에게 투사된 것일까? 여전히 그 예술가에게 달라붙어 있는 것일까? 아니다. 그는 오래전 이미 그녀의 시야에서 사라져버렸다. 그리고 그가 그 투사물을 가지고 갔을 리도 없다. 그것은 환자의 무의식에 확고히 고정되어 있기 때문이다. 하지만 그와 유사한 투사는 항상 다시 일어난다. 즉 그만큼의 리비도를 투여한 누군가가 분명 그녀 주변에 머물고 있을 것이다. 그렇지 않다면 그녀는 그 리비도를 의식적으로 느꼈을 것이다.

이렇게 해서 우리는 다시 객관적 평면으로 돌아오게 되었다. 그

잃어버린 리비도를 찾아낼 다른 방도가 없기 때문이다. 그런데 환자는 주변에서 자신의 관심을 끈 남성을 아무도 찾아낼 수 없었다. 그녀의 담당의로서 상당한 의미를 지녔던 나 자신을 제외하면. 따라서 그녀는 아마도 그 리비도를 내게로 투사했을 것이다. 내가 그 점을 짐작조차 못했다는 건 사실이다. 하지만 그 절묘할 정도로 기만적인 과정은 결코 분석가의 눈앞에서 이루어지지 않는다. 그것은 항상 진료실 밖에서만 모습을 드러낸다. 그래서 나는 환자에게 조심스레 물어보았다. "함께 있지 않을 때 제가 어떻게 보이는지 말씀해주실 수 있나요? 저는 그때도 같은 사람입니까?" 그녀는 이렇게 답했다. "저와 함께 있을 때 선생님은 아주 유쾌하고 친절한 분이세요. 하지만 혼자 있거나 오래도록 만나지 못했을 때는 제 마음속에 있는 선생님의 상이 이상하게 변해요. 때로는 완전히 이상화된 모습으로 보이고, 또 다른 때는……." 그녀가 주저하길래 내가 좀 거들었다. "네, 좋아요. 다른 때는 어떻게 보이나요?" 그녀가 답했다. "가끔씩은 마치 악의적인 마법사나 악마처럼 너무 위험하고 사악해 보여요. 제가 어떻게 그런 생각을 품을 수 있는지 모르겠네요. 실제로는 조금도 그렇지 않은데 말이죠."

그 리비도의 측면이 전이의 형태로 내게 부착된 것이 틀림없었다. 그것이 그녀의 목록에서 빠진 건 바로 이 때문이다. 이와 함께 우리는 중요한 사실을 한 가지 더 인식하게 된다. 환자가 나를 그 예술가와 혼동했고(동일시했고), 자신은 무의식 속에서 X부인 역할을 맡고 있던 것이다. 나는 전에 밝혀진 자료들(성적 환상들)을 통해 이 사실을 쉽게 입증해낼 수 있었다. 하지만 그렇다면 나 자신이 강을 건너가지 못하도록 방해하는 장애물, 즉 게가 되어버린 셈이다. 지금 시점에 우리가 객관적 평면의 해석만 고집한다면 상황은 위태로워지고 말 것이다. 내가 그녀에게 "나는 그 예술가가 결코 아닙니다. 그 사람처럼 이상하지도 않고, 물론 사악한 마법사도 아닙니다"라고 말한다 한들 무슨 소용이 있겠는가? 그런 말은 환자에게 아무런 확신도 주지 못할 것이다. 그녀도 나처럼 투사가 지금과 같은 상태로 계속 지속될 것이라는 점을 알 것이기 때문이다. 그녀는 자신의 진전을 가로막는 사람이 정말로 나라고 느낄 것이다. 많은 치료 과정이 바로 이 지점에서 정체되고 만다. 환자 스스로 무의식의 포옹에서 벗어날 수는 없기 때문이다. 여기서는 의사 본인이 그 자신을 주관적 평면 위로 옮겨 자신을 하나의 심상으로 변환시켜야 한다. 그렇다면 그것은 무엇의 심상일까? 여기에 엄청난 어려움이 있다. 의사는 "환자의 무의식에 있는 무언가의 심상"이라고 말할지 모른다. 하지만 환자는 이렇게 이의를 제기할 것이다. "뭐라고요? 제가 저 자신을 남자로, 그것도 사악한 마법사나 악마처럼 신비스러울 정도로 매혹적인 남자로 간주해야 한다고요? 싫어요. 그런 말도 안 되는 소리는 받아들일 수 없어요. 차라리 당신이 그 모든 것이라고 믿는 편이 현실적이에요." 그녀의 이런 태도는 사실 완전히 옳다. 그런 성질들을 그녀 자신에게 전가하는 건 너무나도 터무니없는 일일 것이다. 그녀는 자기 자신을 악마로 만드는 일을 결코 용납하지 않을 것이다. 그런데 그때 그녀의 눈이 번뜩인다. 얼굴에는 사악한 표정이 나타나고 전에는 볼 수 없었던 알 수 없는 증오가 어렴풋이 드러난다. 뱀 같은 성질의 무언가가 그녀에게 기어든 것 같다. 나는 순식간에 치명적 오해의 위험에 직면한다. 그것은 무엇일까? 좌절된 사랑인가? 내가 비위를 건드렸나? 멸시당했다고 생각하는 건가? 그녀의 눈빛을 보면 정말로 악마적이고 맹수 같은 무언가가 그녀에게 잠복해 있는 것만 같다. 그렇다면 그녀는 결국 정말로 악마인가? 아니면 바로 나 자신이 맹수이고 악마여서 내 앞에 앉아 공포에 떠는 희생자가 나의 사악한 주술에서 자기 자신을 보호하기 위해 난폭한 힘으로 저항하고 있는 건가? 아니, 이런 생각은 전부 터무니없고 환상적인 망상에 불과하다. 그렇다면 내가 접촉한 그것은 대체 무엇인가? 어떤 새로운 현이 울리고 있는 것인가? 하지만 이 긴장된 순간은 곧 지나간다. 환자의 얼굴에 나타났던 표정은 다시 잠잠하게 가라앉고, 그녀는 안도한 듯 이렇게 말한다. "놀랍군요. 친구와의 관계에서 제가 해결하지 못하던 그 부분을 방금 건드리신 것 같아요. 그것은 아주 무시무시한 느낌, 비인간적이고 사악하고 잔인한 무언가예요. 그 느낌이 얼마나 괴상한지 설명도 제대로 못하겠네요. 그 순간만 되면 아무리 저항하려 해도 제 친구를 미워하고 경멸하게 된답니다."

이 언급은 조금 전에 일어난 일을 설명해주었다. 이제 내가 그 친구의 자리를 차지하게 된 것이다. 그 우정은 극복되었고, 억압은 무너져내렸다. 이 환자는 스스로 의식하지도 못한 채 삶의 새로운 국면을 맞고 있었다. 나는 이제 그 우정 관계의 고통스럽고 나쁜 모든 측면이 내게 쏟아져 들어오리란 걸 잘 알고 있었다. 하지만 그 관계의 좋은 측면도 내게로 향할 것이다. 비록 알려지지 않은 신비한 요인인 X와의 격렬한 갈등을 동반하겠지만 말이다. 내게 투사된 그 X가 무엇으로 구성된 건지 여전히 불분명하긴 했지만, 어쨌든 전이의 새로운 국면이 시작된 것만은 분명했다.

환자가 전이의 이 단계에 집착하면, 지극히도 골치 아픈 오해가 생길 수 있다. 그렇게 되면 그녀는 분명 나를 자신의 친구 대하듯 대할 것이다. 즉 그 X라는 요인이 허공 어딘가에 머물면서 끊임없는 오해를 불러일으킬 것이다. 그리고 결국 그녀는 내 안에서 사악한 악마를 찾아내고 말 것이다. 그녀 자신이 악마라는 사실을 받아들이는 건 불가능할 것이기 때문이다. 풀기 어려운 모든 갈등은 바로 이런 식으로 촉발되는데, 풀기 어려운 갈등은 곧 삶의 정체를 의미한다.

하지만 환자가 이 새로운 어려움에 자신의 낡은 예방책을 적용하여, 그 모호한 측면을 무시해버리려 할 수도 있다. 그 측면을 계속해서 의식하라는 이 치료법의 명백한 요구 사항을 무시하면서, 그것을 다시 억압하려 들 수도 있는 것이다. 하지만 그런 억압으로는 아무것도 얻을 수 없다. 무의식으로 밀려난 그 X라는 요인은 도리어 더 불쾌한 성질을 나타내 보이며 의식을 위협하려 들 것이다.

수용 불가능한 그런 심상이 떠오를 때면, 그 상이 근본적으로 인간적인 성질의 것인지 아닌지 결정할 수 있어야 한다. '마술사'와 '악마' 등이 바로 그 비인간적 심상들에 해당된다. 그 심상들은 **인간적인 것이 아닌 신화적 특성**을 띤 것으로 즉시 인식되기 때문이다. 마술사와 악마 같은 이 신화적 심상들은 환자를 놀라게 한 그 '비인간적'

느낌을 적절히 전달해준다. 따라서 이런 특성들은 인간의 인격에 적용될 수 없다. 만일 비판적 검토 없이 그것을 동료 인간들에게 **직관적으로** 투사한다면, 인간관계에 심각한 손상이 가해지게 될 것이다.

 그런 특성들이 나타나는 건 초개인적이거나 집단적인 무의식의 내용이 투사되었기 때문이다. 사악한 마법사나 악마 같은 상들은, 물론 그런 것에 대해 듣거나 읽어본 적이 있긴 하겠지만, 개인적 경험의 기억에는 해당되지 않는다. 방울뱀에 대해 들어본 사람이라 하더라도 도마뱀이 부스럭거리는 소리에 놀란 뒤 그것을 방울뱀이라고 묘사하지는 않을 것이다. 마찬가지로 우리는 상대에게서 악마적 영향력을 직접 감지하지 않는 한, 그 동료 인간을 악마라 부르지 않을 것이다. 하지만 만일 악마적 영향력이 정말 그 사람 인격의 일부라면, 그것은 모든 곳에서 모습을 드러낼 것이고, 따라서 그 사람은 정말로 일종의 악마 또는 늑대 인간이 되어버릴 것이다. 하지만 성향을 이렇게 귀속시키는 건 하나의 착각에 불과하다. 그 성향은 개인적 정신이 아닌 집단적 정신에서 솟아난 것이기 때문이다. 무의식과 교감하는 한, 우리는 역사적인 집단적 정신의 일부를 소유한다. 우리는 인간 정신에 심대한 영향을 미쳐온 늑대인간, 악마, 마술사 등의 세계에 무의식적으로 살고 있으며, 신과 악마, 구세주와 범죄자 등의 역할도 일정 부분 담당하고 있다. 하지만 한 사람의 개인적 자아에 인간 무의식에 잠재되어 있는 가능성들을 귀속시키는 것은 완벽히 터무니없는 일일 것이다. 따라서 우리는 우리 정신의 개인적 자산과 비개인적 자산을 최대한 뚜렷이 구분해내야만 한다. 가끔씩 집단 무의식에서 솟아나는 위대한 영향력을 무력화하기 위해서가 아니라, 집단정신의 이 내용들에서 개인 정신에 속한 것을 떼어내기 위함이다. 물론 순진한 정신을 지닌 사람들에게는 이 둘이 분화되어 있지 않았고, 따라서 심리적 기능으로 이해되지 못한 신과 악마 등은 정말로 구체적인 현실에 속한 것으로 간주되었다. 그들의 투사적인 성격이 전혀 인식되지 못한 것이다. 신들이 투사의 형태로만 존재한다는 사실이 인식된 건 회의주의의 시대가 도래한 이후의 일이었다. 그 인식은 이와 관련된 논쟁들을 종식시켰다. 하지만 그 실체에 상응하는 심리적 기능은 결코 잠잠해지지 않았다. 그것이 무의식으로 가라앉으며 지금까지 우상 숭배에 투입되어온 여분의 리비도로 인간의 마음에 해독을 끼치기 시작했기 때문이다. 종교처럼 강력한 기능에 대한 평가절하와 억압은 분명 개인의 심리에 심각한 결과를 초래했다. 이 리비도가 역류하여 무의식을 무지막지하게 강화했고, 그렇게 강화된 무의식이 다시 그 고태적이고 집단적인 내용물로 의식에 강력한 강박적 영향력을 행사하기 시작한 것이다. 그리하여 회의주의의 시대는 프랑스 혁명의 공포와 함께 막을 내리게 되었다. 그런데 지금 우리는 또다시 집단정신의 무의식적 파괴력이 분출되는 것을 목격하고 있다. 그 결과는 전무후무한 대량 학살이다. 무의식의 성향은 바로 그 방향으로 향하고 있었다. 이런 성향은 그전에 이미 현대의 이성 중심주의에 의해 터무니없이 강화되어왔다. 합리론은 비합리적인 모든 것을 깎아내림으로써 비합리적인 기능이 무의식 속으로 가라앉도록 만들었다. 하지만 일단 무의식 속으로 들어간 그 기능은 마치 근본을 제거할 수 없는 불치병처럼 그곳에서 끊임없이 파괴적인 영향력을 행사하기 시작했다. 개인과 국가 모두 비합리적인 삶을 살도록 강요당했고, 심지어는 그들의 가장 고차원적인 사상과 능력을 활용해 이 비합리성의 광기를 뒷받침하도록 요구받기까지 했다. 우리는 이와 비슷한 사례를 우리 환자에게서 찾아볼 수 있다. 그녀는 자신에게 비합리적인 것으로 보인 삶의 가능성(X부인과 같은 삶)에서 고개를 돌린 결과, 부적절한 상대와 병적인 형태의 삶을 이어나갈 수밖에 없게 되었다.

따라서 사실상 이 비합리성을 항상 존재하는 하나의 필수적 심리적 기능으로 받아들이는 것 외에는 달리 대안이 없다. 하지만 그 비합리성의 발현물은 구체적 현실이 아닌 **심리학적 현실**로 간주되어야 한다. 그것을 구체적 현실로 간주하면 억압이 일어날 것이기 때문이다. 그렇지만 그 주관적 현실도 **실제로 영향을 미친다**는 점에서 일종의 '현실'이긴 마찬가지이다.

집단적 무의식은 모든 시간대에 걸친 모든 경험의 침전물이자 태곳적부터 형성을 거듭해온 하나의 보편적 심상이다. 이 심상 중에는 오랜 시간을 거치면서 중요성을 지니게 된 특정 심상들이 존재하는데, 이것들을 흔히 **지배적 심상**(dominants)이라 부른다. 이 지배적 심상들은 통치 능력을 나타내는 신들의 심상으로, 구체적 물리 현상 속에 내재된 지배적 법칙이나 원리들을 상징적으로 나타내준다.

그런데 두뇌 속에 형성된 그 구체적 상들은, 그것이 심리적 사건들과 유사성을 지니는 바로 그만큼 지배적 심상과 상응할 수 있게 된다. 또한, 비슷한 심리 경험의 축적을 통해 지배적 심상들이 드러나게 되면, 그것들은 마찬가지로 보편적인 물리적 원칙들과 상응할 수 있게 된다. 무의식적 심상이 직관적 통찰의 형태로 물리적 사건에 전이되는 일이 자주 일어나는 건 바로 이 같은 사정 때문이다. 예컨대 태고의 숨결인 **에테르**(ether), 즉 영혼 물질이란 개념은 여러 지역에 널리 퍼져 있으며, 마술적 힘인 **정기**(energy) 개념 역시 세계 도처에서 공통적으로 발견된다.

어쨌든 물리적 대상들과의 이 같은 연관성으로 인해 이 지배적 심상들은 투사의 형태로 온갖 곳에서 모습을 드러낼 수 있게 된다. 투사가 의식되지 않을 경우 그것들은 주변 인물들 속에서까지 모습을 드러내는데, 보통은 그 가치가 과대평가되거나 과소평가되기 때문에 오해와 갈등, 매혹과 같은 어리석음의 원인으로 작용하곤 한다. 사람들은 보통 "그는 누구를 신처럼 떠받들어", "그는 누구누구를 죽도록 싫어해" 같은 말들을 통해 이 왜곡을 표현해낸다. 한편, 이런 형태의 투사는 환상적 소문과 의심, 편견 등 '현대의 신화'를 형성하는 동인으로 작용하기도 한다.

이처럼 집단적 무의식의 지배적 심상들은 엄청난 영향력을 행사하는 중대한 요인이므로, 마땅히 깊은 관심을 기울일 필요가 있다. 그 상들은 결코 억압되어서는 안 되며, 도리어 가장 세심한 관심의 대상이 되어야 한다. 그 상들은 보통 투사의 형태로 모습을 드러내는데, 투사는 오직 연관된 외부적 자극이 있을 때만 일어나므로, 어디까지가 무의식적 심상이고 어디까지가 외부 대상의 성질인지 분간

하기가 매우 힘들다. 예컨대 누군가가 '악마'라는 지배적 심상을 동료 인간에게 투사한다면, 그것은 그 상대에게 악마의 투사를 가능케 하는 어떤 요인이 있기 때문이다. 그렇다고 그 사람이 '악마'라는 말은 결코 아니다. 도리어 그는 유별나게 선한 동료일 수 있다. 단지 동료가 투사 당사자에게 반감을 품었기 때문에 양자 사이에 악마적 요인이 끼어든 것뿐이다. 투사 당사자가 '악마'인 것도 물론 아니다. 비록 악마라는 것을 투사한 만큼 자기 안에도 그런 요인이 있다는 것을 인식해야 하긴 하지만, 이런 사실이 그를 '악마'로 만드는 건 아니다. 그 역시 상대처럼 온건한 사람일 수 있다. 이 경우 악마라는 지배적 심상의 출현이 의미하는 것은 단순히 이 두 사람이 공존할 수 없다는(적어도 당분간은) 사실뿐이다. 그렇기 때문에 무의식이 그들 사이를 갈라 서로에게서 떨어뜨려 놓는 것이다.

집단적 무의식의 투사를 분석할 때 거의 항상 접하게 되는 지배적 심상 중 하나는 '마술적 악마'의 상이다. 이 상은 압도적으로 사악한 영향력에 대한 상징이다. 마이링크(Gustav Meyrink)의 소설 『골렘*The Golem*』에 나오는 골렘과 『박쥐들*Fledermausen*』에서 세계 전쟁을 촉발하는 티베트 마술사는 이에 대한 훌륭한 예이다. 분명 마이링크는—우리 환자가 내게 투사한 것과 비슷한 느낌의 언어와 형상을 부여함으로써—자신의 무의식에서 그 상들을 직접 산출해냈을 것이다. 마술사란 이 지배적 심상은 『차라투스트라』에도 등장하며, 『파우스트』에서는 주인공 자신이 바로 그 마술사이다.

이 악마의 상은 신 관념을 나타내는 가장 저급하고 기초적인 형상이다. 이 상은 원시 부족의 구성원들에게 주술사, 즉 마술적 힘을 부여받은 뛰어난 인물의 형태로 나타났으며, 내 환자의 무의식에서는 **검은 피부의 몽골인**으로 자주 모습을 드러냈다.

이처럼 집단 무의식의 지배적 심상을 인식함으로써 우리는 중요한 한 발을 내디딜 수 있었다. 동료 인간이 지닌 것으로 간주된 마술적이거나 악마적인 영향력은, 그것을 집단 무의식의 투사로 명백히 인식하는 순간 사라져버리게 된다. 하지만 이제 우리는 완전히 새롭고 예기치 못했던 문제와 마주하게 되었다. 개인의 자아와 그 심리적 비자아를 어떻게 조화시키는가 하는 문제가 그것이다. 아니면, 혹시 무의식에 영향력 있는 지배적 심상이 존재한다는 사실을 인정하는 걸로 만족하고, 나머지 일은 알아서 처리되도록 내버려둬도 되는 것일까?

만일 이 지점에서 작업을 중단하면, 개인 내부에 영속적 해리 상태가 조성되어, 개인정신과 집단정신 간의 갈등이 끊이지 않게 될 것이다. 우리는 한편으로는 세분화된 현대적 자아를, 다른 한편으로는 문명화되지 않은 일종의 원시적 인격을 지니게 될 것이다. 이 분열은 눈에 띌 정도로 선명한 것으로, 검은 피부의 야만인 위에 현대적 문명인의 껍질을 덧씌운 것이나 다름없다. 따라서 이 같은 분열은 발달되지 않는 부분을 계발시킴으로써 즉시 통합되어야 한다. 이 두 측면의 융합이 일어나야 하는 것이다.

이 새로운 문제를 본격적으로 다루기에 전에, 앞서 제시한 그 꿈으로 돌아가 보기로 하자. 앞의 논의는 우리에게 그 꿈과 그 꿈의 핵심적 부분인 불안에 대해 더 포괄적으로 이해할 수 있도록 해주었다. 그 불안은 집단적 무의식의 지배적 심상에 속한 악마적 불안이다. 이 환자는 자기 자신을 X부인과 동일시했고, 이를 통해 그녀 역시 그 신비스러운 예술가와 어떤 연관성이 있다는 점을 드러냈다. 또한 그녀는 분명 의사(나 자신)를 그 예술가와 동일시했고, 주관적 평면에서는 내게서 집단적 무의식의 마술사 상을 끌어내기도 했다.

그녀의 꿈에서는 이 모든 것이 뒤로 걷는 게라는 상징으로 표현되었다. 그 게는 객관적 평면에서의 분석을 통해서는 결코 소진되거나 무력화될 수 없는 무의식의 생생한 내용을 상징한다. 하지만 우리는 **신화적이거나 집단적인 심리 내용들을 의식의 대상들에서 떼어내어, 개인 정신의 외부에 있는 심리적 현실에다 병합**시킬 수 있었다.

집단 무의식과 개인 정신이 분화되지 않은 채로 섞여 있는 한, 어떤 진보도 일어날 수 없고, 꿈이 표현해주듯 그 어떤 경계도 극복될 수 없다. 그럼에도 만일 꿈꾸는 자가 그 경계를 억지로 건너가려 한다면, 지금까지 잠재되어 있던 무의식이 깨어나 그녀를 뒤로 잡아끌고 말 것이다. 그녀의 꿈과 그 내용은 집단적 무의식을, 한편으로는 강 속 깊은 곳에 숨어 사는 하급 동물의 형태로, 다른 한편으로는 시의 적절한 수술을 통해서만 치료할 수 있는 위험한 질병의 형태로 표현해낸다. 이 같은 표현의 적절성에 대해서는 이미 설명한 바 있다. 앞서 말했듯, 동물 상징은 인간이 아닌 무엇 또는 초개인적인 무엇을 나타내는 데 특히 적합하다. 집단적 무의식에는 원시적 인간 활동의 잔여물만 들어 있는 게 아니라, 인간 종의 짧은 역사와는 비교할 수 없을 정도로 긴 동물 조상들의 잔재까지 함께 포함되어 있기 때문이다. 그런 잔여물이 활성화되면, 그것은 발달 과정을 가로막을 뿐만 아니라 집단 무의식이 활성화한 에너지가 다 흡수될 때까지 리비도를 퇴행적 경로로 이탈시키고 만다. 그 에너지를 원래의 유용한 형태로 되돌리려면, 그것을 집단 무의식과 의식적으로 대비시켜야 하는데, 이 과정은 그 에너지를 다시 가치 있는 힘의 원천으로 탈바꿈시켜준다. 이제껏 종교들은 신들(집단 무의식의 지배적 심상들)과의 의례적 소통이라는 유형적 방식으로 이 같은 에너지의 변환을 달성해왔다. 하지만 이런 관습은 우리 지성이나 통념과 너무 어긋나 있기 때문에, 우리로서는 그와 같은 해결책을 더 이상 받아들이기 힘들다. 그렇지만 만일 우리가 그 무의식의 상들을 집단적 심리 현상이나 기능에 속하는 지배적 심상으로 받아들인다면, 우리 지성이나 의식은 그와 같은 가설에 결코 반대하지 않을 것이다. 즉 그와 같은 해결책은 합리적인 것으로 간주될 것이다. 이렇게 해서 우리는 활성화된 고태적 잔재들과 타협할 가능성을 확보하게 된다. 이 같은 처리 방식은 지금까지 우리를 막고 있던 경계를 넘어설 수 있도록 해준다는 점에서 **초월적 기능**이라 불리는데, 그것은 결국 새로운 태도를 향한 점진적 발달과 다름없다. 꿈에서는 이 같은 목표가 '강의 반대편'으로 나타난다.

이 과정은 영웅 신화와 놀랄 정도로 닮아 있다. 영웅과 괴물(무의식의 내용물)의 전투는 주로 어떤 물의 주변부에서 벌어지고, 때로는 얕은 여울에서 일어나기도 한다. 이 같은 환경은 아메리카 인디언들의 전설에서 두드러지는데, 그 예로 롱펠로(Longfellow)의 시 「하이어워사(Hiawatha)」를 들 수 있다. 프로베니우스(Frobenius)가 광범위한 자료를 동원해가며 보여주었듯,[30] 영웅은 결정적 전투에서 괴물에게 집어삼켜진다(예, 요나의 전설). 하지만 그 영웅은 괴물의 뱃속에서 자기만의 방식으로 그 야수와 타협해가기 시작한다. 괴물은 그와 함께 해가 뜨는 곳을 향해 헤엄쳐 가고, 영웅은 그동안 괴물의 생명을 유지하던 중요한 내장인 심장—무의식을 활성화하던 가치 있는 힘—을 잘라낸다. 이를 통해 영웅이 그 괴물을 죽이면 괴물은 육지로 떠밀려오고, 그곳에서 영웅은 종종 그 괴물이 전에 집어삼켰던 모든 존재와 함께 새롭게 다시 태어난다(프로베니우스, 『바다 속에서의 야행』). 이 과정은 정상 상태를 회복시켜주는데, 그것은 에너지를 박탈당한 무의식이 더 이상 지배적인 영향력을 행사하지 못하기 때문이다. 이런 식으로 대중의 꿈이라 할 수 있는 신화는 우리 환자가 겪어온 과정을 생생히 묘사해준다.[31]

집단 무의식과 어떻게 타협해가는가 하는 문제는 별개의 문제이다. 여기서 나는 무의식에 관한 새로운 이론을 개관하는 것만으로 만족하려 한다. 초월적 기능 자체를 해명하는 일은 나중으로 미뤄야겠다.

---

30 Frobenius, *Das Zeitalter des Sonnengottes*.

31 『리비도의 변환과 상징』에서 영웅 신화에 대응되는 사례들을 상세히 다루었다.

8장 　　내향적 유형과 외향적 유형의 발달

　두 종류의 심리 유형에 이 방법을 동일하게 적용해도 되는지 밝히지 않는다면, 무의식의 분석에 대한 묘사는 불완전한 것으로 남게 될 것이다. 사실 두 유형은 무의식에 대한 이론 및 발달 과정 모두에서 차이를 보여준다. 보편적으로 적용 가능한 공식을 찾아내려 아무리 노력해도, 우리의 경험은 무의식 개념이 유형별로 완전히 다르다는 사실만 드러낸다. 오직 두 관점을 동등하게 고려할 때에만 보편적 공식의 적용이 가능해지는 것이다. 나는 여기서 다루는 내용이 일반인보다는 전문가들의 관심을 끌 만한 것이라는 점을 숨기지 않겠다. 하지만 이 주제의 특정 측면은 상당히 보편적 성격을 띤 것이므로, 이 장을 읽는 것이 완전히 무익하지는 않을 것이다. 그럼 다시 무의식의 개념부터 고려해보기로 하자. 나는 이 글에서 무의식을 하나의 심리적 기능으로, 즉 의식의 문턱에 도달하지 못한 심리적 내용물들의 기능으로 간주해왔다. 그리고 무의식의 자료들을 개인의 경험과 기질, 성향 등에서 비롯된 **개인적인 것**과, 개인의 경험과 아무 관계도 없는 **비개인적인 것**으로 구분해냈다.

모든 정신의 내용물은 한편으로는 정신 기능을 지시하는 심상들로 다른 한편으로는 대상과 세계를 나타내는 심상들로 구성되는데, 의식에는 최근의 대상 이미지들이 포함되고, 개인적 무의식에는 잊히거나 억압된 개인적 과거의 대상 이미지들이 포함되며, 집단적 무의식에는 근원적 심상이나 신화적 주제를 내포한 보편적 이미지들이 포함된다. 이 모든 정신적 이미지에는 두 측면이 존재하는데, 대상으로 향하는 첫 번째 측면은 다른 의도의 개입 없이 그 대상을 가능한 한 있는 그대로 묘사하려 하고, 영혼으로 향하는 두 번째 측면은 정신 기능을 지향하면서 그것에 고유한 법칙들을 표현하려 한다.

영웅 신화에 나타난 근원적 심상을 예로 들어보기로 하자. 서쪽 지방에 큰 입을 지닌 여성 악마가 살고 있다. 한 영웅은 그녀의 입으로 기어들어가고, 그 순간 작은 새의 노랫소리가 들려온다. 그때 그 고태적 여성이 쿵하고 입을 닫고, 영웅은 사라져버린다. 물리적 대상을 향한 심상의 측면에서 이 신화는 바다의 입 속으로 태양이 가라앉는 광경에 대한 묘사이다. 저녁 시간대에 작은 새의 노랫소리가 들려오고, 태양은 바다의 심연 속으로 사라져버린다. 하지만 영혼, 즉 **관념**(idea)을 향한 심상의 측면에서 보면, 이 신화는 의식에 포함되어 있던 에너지가 무의식의 괴물 속으로 사라지는(저녁 시간대의 태양처럼) 과정을 나타낸다. 집단적 무의식의 내용을 영혼이나 관념의 측면에서 고려한다면, 그것은 완전히 다른 무엇이다. 즉 그 무의식의 내용이 완전성을 획득하려면 그것을 대상에서 구분하고 **추상해내야** 한다. 반면, 집단적 무의식의 내용을 물리적 대상의 측면에서 생각한다면, 다시 말해 대상에 대한 상으로서 고려한다면, 그것은 대상 그 자체보다 희미하고 덜 명료하다. 따라서 그 내용이 완전성을 확보하려면 대상 자체에 투사됨으로써 객관화되어야만 한다.

앞서 설명했듯, 인간의 심리는 내향형과 외향형으로 뚜렷이 구분해낼 수 있다. 이 중 내향형은 주로 생각의 관점을 취하고, 외향형은 주로 느낌의 관점을 취하는데, 이미 보았듯 이 두 유형은 대상과 관계 맺는 방식이 완전히 다르다. 즉 내향형은 대상에서 관념을 추상해낸 뒤 그것에 대해 생각하는 반면, 외향형은 대상을 향해 뻗어나가 그 대상 자체를 느끼게 마련이다. 내향형에게는 가치의 강조점이 자아에 놓여 있지만, 외향형에게는 대상에 놓여 있는 것이다. 따라서 전자의 주된 관심사가 자아의 보존이라면, 후자의 주된 관심사는 대상의 보존이라 할 수 있을 것이다. 한편, 이 두 유형은 무의식에 대해서도 다른 태도를 취한다. 즉 내향형이 무의식적 심상의 관념적 측면을 이해하려 드는 반면, 외향형은 그 심상의 물리적 형태를 파악하려 든다. 그리고 내향형이 추상적 관념에 도달하기 위해 물리적 심상이란 견고한 '혼합물'에서 관념적 측면을 최대한 정제해내는 반면, 외향형은 관념으로 뒤덮인 '환상적' 복합체에서 물리적 심상을 최대한 정제해낸다. 또한, 전자가 자기 자신을 관념의 세계로 끌어올려 무의식의 혼탁한 영향력을 극복하려 하는 반면, 후자는 대상을 향해 최대한 가까이 다가가 무의식적 심상을 그 대상에 투사함으로써 자기 자신을 무의식의 힘에서 해방시키려 든다. 무의식의 심상 중 외향형에게는 환상적이고 혼탁한 혼합물로 인식되는 바로 그것이, 내향형에게는 가장 가치 있는 것으로, 순수한 관념을 형성해내는 씨앗으로 인식되며, 그 **반대 역시 마찬가지**이다. 즉 내향형에게는 물리적 형상의 '불완전한 잔재'에 불과한 것이 외향형에게는 가장 가치 있는 것으로, 대상과 무의식을 결합시키도록 해주는 실마리이자 다리로 인식된다.

이 묘사는 두 유형이 완전히 반대되는 방향으로 무의식을 발달시키며, 따라서 결국 '관념'과 '느낌의 대상'이라는 양극단에 도달하게 된다는 점을 분명히 보여준다. 이처럼 각 유형의 심리적 특징이 마침내 극단까지 추구된 뒤에는, 에난치오드로미아의 법칙에 따라 '반대편' 기능—내향형에게는 느낌, 외향형에게는 생각—이 자기 자신의 정당한 권리를 행사하기 시작한다. 즉 내향형은 생각의 세분화 및 고양을 통해 결여되어 있던 느낌 기능을 획득해나가고, 외향형은 대상에 대한 세분화된 사랑을 통해 독자적 생각 기능을 획득해나간다. 지금까지 부차적이던 이 기능들은 먼저 무의식에서 발견되며, 기능이 발달함에 따라 서서히 의식 영역으로 떠오른다. 이 기능들은 처음에는 의식과 다소 불화하는 상태에 있는 무의식적 기능들로 무의식의 전형적 특성을 보인다. 따라서 의식은 그 기능의 이런 특성을 견

더내지 못한다. 편집증 환자 슈레버(Schreber)[32]는 신의 언어(무의식)를 '다소 고태적이지만 정력적인 독일어'로 묘사하면서 몇 가지 충격적인 예를 들어주었는데, 그의 이 같은 묘사는 더없이 적절한 것이다. 이처럼 무의식에서 솟아오르는 반대 기능은 의식에 수용되기 힘들 정도로 이질적인 것이기 때문에, 그 반대 기능과 타협해나가기 위한 기술이 필요해진다. 반대 기능을 있는 그대로 받아들이는 일이 불가능한 건, 그 기능이 항상 집단 무의식에서 완전히 생소한 특성과 환경들까지 함께 끌고 올라오기 때문이다. 하지만 어쨌든 외향형은 앞서 묘사한 발달 과정을 통해 모든 환상에서 벗어나 대상을 완벽히 생생하게 인식하는 적응 능력을 획득해냈으므로, 이제 자신의 관심을—내향형에게 관념의 씨앗 역할을 했던—그 '혼합물'로 돌릴 수 있을 것이고, 이를 통해 내향형이 이미 발달시킨 것과 비슷한 관념을 발달시키게 될 것이다. 이는 **반대 경우에도 마찬가지**이다. 내향형은 이제 자신의 관심을 지금까지 거부해왔던 그 물리적 대상들로 향할 수 있을 것이다. 즉 그는 외향형이 이미 완성한 느낌 영역의 정제 작업을 그와 똑같은 방식으로 수행해나갈 것이다.

이처럼 지금까지 무의식적이던 반대 기능이 발달되면, 성격 유형을 초월하는 '개성화(individuation)' 과정이 일어나 세상 및 정신과 새로운 방식으로 관계 맺을 수 있게 된다. 유형들 간의 상호보완과 함께 시작되는 이 과정을 초월적 기능이라 부르는데, 이 기능은 지금까

---

32 Schreber, *Denkwürdigkeiten eines Nervenkranken*.

지 무시되어온 반대 기능이 불러일으킨 무의식적 느낌과 생각을 정제함으로써 새로운 방식으로 삶에 적응할 수 있도록 해준다.

"자연을 안내자로 따르면 결코 길에서 벗어나지 않는다"는 고대 격언에 따라, 우리는 생각을 최상의 상태로 정제하고자 하는 자연적 욕구와, 느낌을 그 극단까지 발달시키고자 하는 자연적 충동에 복종해왔다. 그리고 이런 수단들을 통해 하나의 유익한 긴장, 즉 보상적 기능을 향한 갈망과 욕구를 촉발하게 되었다. 생각에만 의지하면 투명한 관념들이 얼어붙어 있는 죽은 세계 속에서 살게 되고, 느낌에만 의지하면 감정의 범람이 끊이지 않는 바다 한가운데 떠다니게 되기 때문이다. 따라서 전자는 자연히 따뜻한 느낌 속에서 살기를 갈망하게 되고, 후자는 생각의 엄격한 정확성과 견고함을 동경하게 된다.

개인의 인격은 이 보상적 과정을 거치며 비옥해지게 되는데, 이런 변화는 그에게 더 나은 결단과 조화의 가능성까지 가져다준다. 또한, 반대 기능의 통합은 새로운 내적 원천을 드러내어 외부 조건들에서 훨씬 독립적으로 살아갈 수 있도록 해준다. 이 같은 성취는 그 무엇보다 유익한 것이기 때문에, 새로운 태도를 획득한 개인은 낡은 관습을 아직 포기하지 못한 대중과의 대립에도 불구하고 자신의 입장을 계속해서 고수해나가게 된다. 이 같은 대립은 그에게 결코 장애 요인이 되지 못한다. 도리어 그것은 일하고 살아가도록 동기를 부여해주는 효과적인 촉진제가 되어준다. 정신적 에너지의 발달을 위해 요구되는 경로는 바로 그 대립을 통해 만들어지기 때문이다.

9장	# 치료에 대한 일반적 언급

마땅히 관심을 기울여야 할 중요한 사실이 한 가지 더 남아 있다. 나는 이 글 전체를 통해 무의식을 혼란과 결부시켜왔고, 심지어는 위험과 연관 짓기까지 했다. 하지만 이렇게 무의식의 위험한 측면만 강조한다면 무의식에 대한 그릇된 인상만 남기게 될 것이다. **사실 무의식이 위험의 원천으로 작용하는 건, 개인이 그 무의식과 조화를 이루지 못할 때 뿐이다.** 만일 우리가 '초월적'이라 불리는 기능이나 태도를 확립하는 데 성공한다면 불화는 종식될 것이고, 따라서 우리는 무의식의 유익한 측면을 마음껏 누릴 수 있게 될 것이다. 이 경우 무의식은 관대한 자연이 인간을 위해 준비해둔 풍부한 자양분을 우리에게 넘치도록 제공해준다. 무의식은 의식으로는 절대 접근할 수 없는 지혜의 씨앗들을 품고 있다. 잊히거나 간과되어 의식의 역치 아래에 있게 된 모든 심리적 내용물을 보유할 뿐만 아니라, 무수한 세월에 걸쳐 축적

되어온 인류의 경험적 지혜도 잠재적으로 지니고 있기 때문이다. 무의식은 끊임없이 활동하면서 그 내용물을 조합해내며, 이를 통해 개인에게 앞으로 나아가야 할 방향을 지시해 보인다. 무의식은 의식이 하는 것과 같은 방식으로 추구할 만한 조합물을 형성해내는데, 이 조합물은 그 질과 범위에서 의식의 조합물을 훨씬 능가한다. 따라서 무의식은 인간에게 더없이 좋은 안내자라 할 수 있다.

나는 독자들에게 모든 사람이 여기에 묘사된 복잡한 심리 변화 과정을 거쳐야 하는 건 아니라는 점을 강조하고 싶다. 실제로 분석 과정은 치료의 결과에 따라 조절된다. 그리고 그 '결과'는 그 질병의 심각성이나 지속 기간에 상관없이 분석 과정 중 어느 때든 나타날 수 있다. 물론 심각한 질병의 분석은 오랜 시간이 걸릴 수 있고, 더 진전된 단계의 분석으로 이어지지 않을 수도 있지만(진전된 분석까지 도달하지 못할 수도 있고, 진전된 분석이 필요하지 않을 수도 있음), 만족할 만한 치료 성과를 얻어낸 뒤에도 자기 자신의 발달을 위해 더 진전된 단계의 분석을 계속해나가는 사람들이 일부 존재한다. 따라서 이 모든 발달 과정을 거치도록 개인을 압박하는 것은 질병의 심각성이 아니다. 오직 고차원적 발달을 이룩할 천성을 타고난 사람들, 즉 더 높은 발달에 도달할 능력과 기질을 갖춘 사람들만이 그런 발달 과정을 거치게 된다. 사람들은 이 문제에서 엄청난 차이를 드러낸다. 그것은 마치 동물 종이 정적인 집단과 혁신적인 집단으로 구분되는 것과도 같다. 자연은 귀족적이다. 그렇다고 해서 발달 가능성이 높은 위치에 있는 종들에만 개방되어 있는 건 아니다. 이와 마찬가지로 인간의 심리적 발달 가능성 역시 특별한 **재능을 타고난** 사람들만의 것이 아니다. 다시 말해, 광범위한 심리적 발달을 성취하기 위해 특출한 지성이나 그 밖의 다른 재능을 타고나야 하는 건 아니다. 도덕적 자질이 개입하여 지성으로 해결할 수 없는 부분을 충족시켜주기 때문이다. 그렇지만 그 어떤 경우에도 분석 과정이 일반적 공식이나 복잡한 원칙들을 사람들에게 이어붙이는 식으로 진행된다고 생각해서는 안 된다. 분석은 그런 식으로 진행되지 않는다. 각 개인은 자신에게 필요한 것을 자기 자신만의 방식과 자기 자신만의 수단으로 얻어낼 수 있다. 내가 여기서 제시한 내용은, 경험적이고 이론적인 과학 연구를 기초로 하여 무의식이란 주제를 지적으로 공식화한 것에 불과하다. 실제 분석 작업에서는 이런 공식화가 논의 대상이 되지 않는다. 이 글에 첨부된 간단한 사례들을 떠올려보면 분석이 실제로 어떻게 진행되는지 감을 잡을 수 있을 것이다.

하지만 독자는 우리의 새로운 심리학이 실용적인 측면과 이론적인 측면을 동시에 지닌다는 점을 분명히 인식해야 한다. 이 심리학은 치료나 교육을 위한 실용적 방법에 불과한 것이 아니다. 그것은 여타 과학 분야와 긴밀하게 연관된 하나의 과학 이론이기도 하다.

─ 결론

끝으로, 이토록 짧은 지면에 생소하고 난해한 많은 내용을 담아내려 한 것에 대해 독자 여러분께 사과드리고자 한다. 나는 비판적 의견에 나 자신을 내맡길 생각이다. 자신만의 길을 감으로써 스스로를 고립시키는 모든 사람은 자기 자신이 찾아내거나 발견한 것에 대해 다른 사람들에게 말해야 할 의무가 있다고 생각하기 때문이다. 그가 발견한 것이 목마른 자를 위한 신선한 샘물이든 오류로 가득한 황량한 사막이든 상관없이, 그것은 도움을 주거나 잘못을 경고하는 자신만의 기능을 수행해낼 것이다. 발견된 내용의 진실성 여부는 동시대인이 아닌, 미래 세대와 운명에 의해 판단될 것이다. 세상에는 아직 진실로 받아들여지지 않고 있지만─아마도 우리가 아직 그것을 진실로 인식하도록 허락받지 못했기 때문에─훗날 그 진실성을 인정받게 될지도 모르는 것들이 존재한다. 그러므로 모든 이론의 주창자는 외롭지만 희망에 찬 태도로, 아득한 절벽의 위험과 자신의 고독을 의식하는 자의 열린 눈을 지닌 채, 자신만의 길을 걸어가야 한다. 우리 시대는 새로운 생명의 원천을 갈망하고 있다. 나는 그 원천 하나를 찾았고, 그 물을 마셔보니 맛이 아주 좋았다. 이것이 내가 말할 수 있고 말하고 싶은 전부이다. 사회를 향한 내 의무는 최선을 다해 그 원천으로 향하는 길을 묘사함으로써 충족되었다. 이 길을 따르지 않는 자들의 비난은 나를 괴롭히지 못했고, 앞으로도 괴롭히지 못할 것이다. 새로운 이론은 항상 옛 이론의 저항에 직면한다. 이는 항상 그래왔고 앞으로도 항상 그럴 것이다. 그것은 정신의 자기조절 능력과 관련된 일이다.

2부

연관된 단편들

정신분석의 이해

정신분석은 과학적일 뿐만 아니라 기술적(technical)이기도 하다. 이 이론의 기술적인 성과들에서 발달되어 나온 것이 바로 '분석심리학'이라 불리는 새로운 심리과학이다.

일반적인 심리학자와 의사들은 이 특수한 심리학 분야를 깊이 이해하지 못하는데, 이는 그 심리학의 기술적 토대가 아직 제대로 알려져 있지 않기 때문이다. 그 토대가 널리 알려지지 못한 이유는 이 새로운 방법이 철저히 심리학적이어서 의학 영역에도 실험심리학 영역에도 속하지 않는다는 데서 찾을 수 있을 것이다. 의사들은 대체로 아주 빈약한 심리학 지식만 갖추고 있고, 심리학자들은 의학 지식을 거의 못 갖추고 있다. 따라서 이 새로운 방법의 씨앗을 심을 적절한 토양이 부족한 실정이다. 게다가 정신분석은 외관상 너무 임의적인 것처럼 보이기 때문에, 많은 사람이 이 방법을 자신의 과학적 양심과 조화시키지 못하고 있다. 이 방법의 창시자인 프로이트의 이론은 성적 요인에 특별한 중요성을 부여한다. 이런 사실은 강한 편견을 불러일으켜왔고, 많은 과학자가 단지 그 이유 하나 때문에 정신분석을 멀리해왔다. 그런 반감이 새로운 방법을 거부할 논리적 근거가 되지는 못한다는 점을 굳이 언급할 필요는 없을 것이다. 그건 그렇다 치고, 정신분석가가 대중 앞에서 말할 때, 그 방법의 결과가 아닌 원리에 대해 설명해야 한다는 건 명백한 사실이다. 이 방법의 과학적 성격을 인정하지 않는 사람은 그 결과들의 과학적 성격도 인정할 수 없을 것이기 때문이다.

정신분석적 방법의 원리에 대한 설명으로 들어가기에 앞서, 나는 먼저 정신분석과 관련된 두 가지 일반적 편견부터 언급하려 한다.

첫 번째 편견은 정신분석이 다소 깊고 복잡한 형태의 '회상'에 불과하다는 것이다. 이 회상이 질문에 의해 촉발된 환자 자신의 기억과 환자의 가족이 제공한 자료들에 기반을 둔다는 점은 잘 알려진 사실이다. 정신분석가는 이 회상 내용을 다른 어느 전문가 못지않게 신중히 취급한다. 하지만 이는 단지 환자의 과거사일 뿐이다. 그것을 분석과 혼동해서는 안 된다. 분석이란 '우연'히 겪게 된 실제 사건의 기억을 그 사건의 원인으로 작용한 심리적 결정 인자들로 환원하는 과정을 뜻한다. 이 과정은 회상을 통해 병력을 재구성하는 것과 완전히 다른 과정이다.

두 번째 편견—주로 정신분석 문헌에 대한 피상적 지식에 근거를 둔—은 정신분석이 일종의 암시 기법이라는 것이다. 그들은 정신분석가가 환자에게 암시를 주어 삶에 대한 신념이나 신조 등을 주입함으로써, 크리스천 사이언스(Christian Science)식의 정신 치료 효과를 촉발한다고 주장한다. 수많은 정신분석가, 특히 정신분석을 오래도록 실천해온 분석가들은 치료를 위한 암시를 활용해본 경험이 있고, 따라서 그 작용 방식에 대해서도 익히 알고 있다. 그런데 분석가들은 정신분석적 방법의 작용 방식이 최면술과는 정반대라는 점을 누구보다도 잘 안다. 치료를 위한 암시와는 달리, 정신분석은 환자 스스로 확인하거나 동의할 수 없는 사실들을 환자에게 강요하려 들지 않는다. 설령 암시와 조언을 받아들이고 싶어 하는 신경증 환자의 끈질긴 욕망에 직면한다 하더라도 분석가는 그를 수동적 태도에서 벗어나도록 이끌기 위해 마찬가지로 끈질기게 노력한다. 분석가는 이성과 비판 능력을 사용하도록 환자를 이끌어주며, 이를 통해 혼자 힘으로 삶의 문제들에 직면할 수 있도록 환자를 준비시켜준다. 우리는 제멋대로 내린 해석을 환자들에게 강요한다는 식의 비난도 많이 받아왔다. 나는 비판자들이 그런 임의적 해석을 나의 환자들—종종 엄청나게 지적이고 교양 있으며 내 동료 역할을 하기도 하는—에게 직접 한번 강요해보았으면 한다. 그런 일이 불가능하다는 사실은 즉시 밝혀질 것이다. 정신분석 기간 동안 우리는 환자 자신과 그의 판단을 가장 중요한 기준으로 삼는다. 자기 자신에 대한 지식으로 환자를 이끄는 것이 분석의 본성 자체이기 때문이다. 정신분석의 원리들은 치료를 위한 암시와 너무나도 다르기 때문에 애초에 비교 자체가 불가능하다.

정신분석을 본질적으로 이성적 과정인 폴 듀보이스(paul Dubois)의 논증법과 비교하려는 시도가 이루어지기도 했다. 하지만 이런 비교 역시 정당한 것이 못 된다. 정신분석가는 절대 환자와 논쟁하지 않으며, 설득하려 들지도 않기 때문이다. 물론 분석가는 환자의 갈등과 의식적 문제들에 세심하게 귀를 기울이지만 환자에게 조언하고 싶은 자신의 욕망을 충족하기 위해 그렇게 하는 건 아니다. 신경증 환자의 문제는 조언이나 의식적 논쟁을 통해 해결할 수 있는 성질의 것이 아니다. 나는 시의적절한 훌륭한 충고가 좋은 결과를 가져다줄 수 있다는 점을 의심하지 않지만, 정신분석이 적절한 시기에 올바른 충고를 항상 내놓을 수 있다고는 믿지 않는다. 신경증적 갈등은 충고를 한다는 것 자체가 불가능한 성격을 띠고 있는 경우가 대부분이기 때문이다. 게다가 환자들이 권위적 충고를 요구해오는 이유가 자기 자신을 권위에 내맡겨 책임감을 회피하기 위함이란 점은 잘 알려진 사실이다.

정신분석은 이전의 모든 방법과 정반대로 의식이 아닌 잠재의식을 통해 신경증적 장애를 극복하고자 한다. 이 과정에서 우리는 자연히 환자의 의식적 내용을 필요로 하게 된다. 환자의 잠재의식은 오직 의식을 통해서만 접근할 수 있기 때문이다. 따라서 회상을 통해 산출된 기억이 분석 작업을 시작하는 출발점이 된다. 그리고 환자의 상세한 언급은 증상의 원인이 심리적인 데 있다는 사실을 드러내주는 중요한 실마리들을 많이 제공해준다. 물론 이 작업이 필요한 건 환자 스스로 질병의 원인이 생리적인 데 있다고 확신할 때뿐이다. 하지만 환자 스스로 질병의 심리적 성질을 확신할 때조차, 과거사에 대한 비판적 검토는 매우 유익하다. 그 과정을 통해 지금까지 의식하지 못했던 심리적 연관 관계가 드러나기 때문이다. 특별한 논의를 필요로 하는 문제는 종종 이런 식으로 표면에 떠오르는데, 이 같은 작업에 상당히 많은 시간이 소요되기도 한다. 의식적 자료에 대한 이런 설명은 환자나 의사가 기억 자료에 결정적인 내용을 덧붙일 수 없을 때 마침내 완료된다. 상황이 가장 순조로울 때는 해결 불가능한 것으로 판명난 문제가 명확히 드러내는 순간에 의식적 설명이 종료된다. 한 남자의 사례를 살펴보기로 하자. 그 남자는 한때 건강했지만 35세에서 40세 사이에 신경증에 걸리게 되었다. 그에게는 아내와 아이들이 있었고, 사회적 지위는 이미 보장된 상태였다. 그는 신경증 증상과 함께 일에 대한 강한 저항감을 발달시켰는데, 자신의 신경증 증상이 일과 관련된 어떤 어려움을 극복한 순간 처음으로 나타났다고 고백했다. 훗날 그의 증상은 직업 영역에서의 어려움이 연달아 발생함에 따라 함께 악화되어갔다. 하지만 일이 잘 풀릴 때는 신경증 증상 역시 다시 완화되었다. 회상 내용에 대한 비판적 검토를 통해 드러난 문제는 다음과 같다.

'환자는 자신의 업무 성과를 향상시키기만 하면, 거기서 비롯된 만족감을 통해 신경증 상태를 크게 개선시킬 수 있다는 점을 잘 알고 있다. 하지만 그는 일에 대한 엄청난 저항감 때문에 일을 더 효과적으로 처리할 수가 없다. 이 문제는 어떤 합리적 논증을 통해서도 해결되지 않는다.'

사례를 하나 더 들어보기로 하자. 아이를 네 명 둔 어떤 사십 대 여성이 4년 전 한 아이를 잃고 나서 신경증 증세를 보이기 시작했다. 하지만 또 한 명의 아이를 낳고 나서 다시 임신하게 되자 상태는 크게 호전되었고, 이를 통해 환자는 아이를 낳는 것이 자신에게 엄청난 도움이 된다는 사실을 알게 되었다. 그렇지만 출산이 더 이상은 불가능하다는 생각에 그녀는 이제 자선 사업에 에너지를 쏟기 시작했다. 하지만 자선 사업에서 그 어떤 만족감도 얻어낼 수 없었다. 그녀는 어떤 일에든 생생하고 살아 있는 관심을 쏟을 때마다 증상이 눈에 띄게 호전된다는 사실을 알고 있었지만, 지속적인 흥미와 만족감을 가져다주는 일을 도무지 찾아낼 수가 없었다. 합리적 설명으로 이 문제를 해결할 수 없다는 건 명백한 사실이었다.

이 경우 정신분석은 아이에 대한 갈망을 넘어선 곳으로 관심을 돌릴 수 없도록 만드는 요인이 무엇인지 찾는 데서 분석 작업을 시작해나가야 한다.

하지만 지금은 문제에 대한 해답을 감조차 잡을 수 없는 단계이므로 우리는 환자가 제공하는 개인적 실마리에 의존해야만 한다. 하지만 의식적 질문이나 합리적 충고 따위는 그런 실마리를 발견하는 데 아무런 도움이 안 된다. 환자 자신도 그 실마리에 접근하지 못하도록 방해하는 요인을 의식 못하기 때문이다. 직접적인 방법으로는 그 잠재의식적 억제를 밝혀낼 수 없는 것이다. 이 경우 정신분석이 제시하는 유일한 지침은 환자로 하여금 현재 떠오르는 생각들을 말하도록 하라는 것이다. 이때 분석가는 환자의 말을 주의 깊게 경청해야 하며 무엇보다도 자신의 의견을 강요하려 들지 말아야 한다. 예컨대 처음 언급한 남성 환자는 자신의 결혼에 대해 말하는 것으로 시작했고, 그 결혼은 일단 정상적인 것으로 보였다. 하지만 그는 아내와 끊임없이 갈등을 빚어왔고, 아내를 조금도 이해하지 못하고 있었다. 그래서 나는 환자의 직업적 업무가 유일한 문제는 아니며, 부부관계 역시 교정이 필요하다고 말해주었다. 그러자 환자는 자신의 결혼 생활과 관련된 수많은 연상 내용을 쏟아내기 시작했다. 자기가 결혼 전에 맺었던 연인 관계에 대해서도 언급했다. 상세한 경험담을 통해 나는 환자가 여성과 깊은 관계를 맺을 때마다 다소 특이한 태도를 취했다는 점을 알게 되었다. 그 태도는 어린애 같은 일종의 자의식이었다. 이 사실은 이성 관계에서 겪은 많은 고통의 원인과도 같은 것으로, 그에게는 완전히 새롭고 놀라운 것이었다.

대부분의 경우 단순히 환자를 말하게 하는 것만으로는 이 정도까지 분석을 진전시킬 수 없다. 이렇게 풍부한 심리적 자료를 의식해내는 환자가 몇 안 되기 때문이다. 게다가 많은 환자가 그 순간 즉흥적으로 떠오르는 내용들을 말해달라는 요구에 능동적으로 저항한다. 완전히 신뢰할 수 없는 의사에게 그런 내용을 말하는 것이 고통스럽기 때문이기도 하고 애초에 기억나는 내용이 아무것도 없기 때문이기도 한데, 기억이 안 날 경우에 환자들은 다소 무관심한 일에 대해서라도 억지로 말하려고 한다. 따라서 중요한 내용에 대해 말하지 않는다고 해서 환자가 불쾌한 내용을 의식적으로 숨기고 있다고 생각해서는 안 된다. 관심도 없는 일에 대해 말하는 현상은 완전히 무의식적으로 일어날 수도 있기 때문이다. 이런 경우에는 환자들에게 말을 하려고 억지로 애쓰지 말고, 저절로 떠오르는 그 첫 번째 생각—아무리 우스꽝스럽고 사소해 보이더라도—만 붙잡으라고 말해주는 것이 도움이 되기도 한다. 하지만 이런 지침이 아무런 효과도 가져다주지 않는다면 의사는 다른 방법에 의존할 수밖에 없게 된다. 그중 하나가 연상 검사 기법인데, 이 기법은 환자의 일시적 성향에 관한 훌륭한 정보를 제공해주는 것이 보통이다.

다른 하나의 방법은 정신분석의 진정한 도구라 할 수 있는 꿈의 분석이다. 우리는 지금까지 꿈을 분석하는 것에 대한 저항을 수없이 받아왔기 때문에, 여기서 꿈 분석의 원리를 간단하게나마 해명하고 넘어가려 한다. 이미 알고 있겠지만, 꿈의 해석과 그런 행위에 부여된 의미에서는 일종의 악취가 난다. 우리는 해몽이 실행되고 신뢰받던 시대에서, 그리고 가장 계몽된 사람들까지 미신에 얽매여 있던 시대에서 그리 멀리 떨어져 있지 않다. 따라서 이 시대의 사람들이 오직 부분적으로만 극복해낸 그런 미신에 대해 여전히 두려움을 품는다는 사실은 충분히 이해할 만하다. 미신에 대한 이 같은 소심성은 꿈 분석에 거부감을 품게 만드는 주된 이유 중 하나이다. 하지만 이런 사실들 때문에 꿈의 분석이 비난을 받아서는 안 된다. 일단, 우리가 꿈을 도구로 택한 것은 우리가 미신적인 것에 경의를 표해서가 아니라 꿈이 환자의 의식에서 독립된 심리적 산물이기 때문이다. 우리는 환자에게 저절로 떠오른 생각을 말해달라고 요구하지만, 환자는 우리에게 거의 아무런 내용도 전해주지 않고, 설령 무언가를 말한다 하더라도 별 상관이 없는 생각들만 억지로 털어놓는다. 하지만 꿈은 강요되지 않는 생각과 환상들의 자발적인 산물이다. 따라서 그것은 생각만큼이나 가치 있는 하나의 심리 현상이라 할 수 있다.

꿈은 복잡하게 얽힌 구조물의 형태로 의식을 향해 진입해 들어온다. 따라서 의식은 그 요소 간의 연관 관계를 제대로 파악해내지 못한다. 나중에 가서 꿈과 관련된 연상 내용을 꿈의 조각들과 연결시켜 본 후에야 그 꿈 조각의 기원이—가깝거나 먼 과거에 대한 회상 내용 속에서—밝혀지게 된다. 당신이 자기 자신에게 "내가 저것을 어디서 보았지?"라고 물으면, 이어지는 자유연상 과정은 그 꿈 조각을 과거에 당신이 실제로 겪은 경험들과 연관 지어준다. 이는 잘 알려진 사실이고, 아마도 모든 사람이 그 내용에 동의할 것이다. 꿈은 이해 불가능한 요소들의 복합체로 자기 자신을 제시하기 때문에, 그 요소들을 처음부터 인식해낼 수는 없지만, 자유연상 과정을 거치다 보면 점차 그 기원이 밝혀지게 되는 것이다. 어쩌면 이를 경험과 무관한 이론이라고 반박할지도 모르겠다. 하지만 우리의 주장은 꿈의 기원과 관련된 통상적 가설과도 잘 맞아떨어진다. 즉 그것은 꿈이 가까운 과거의 경험과 생각들에서 그 재료를 얻는다는 공인된 가설과 한 치의 어긋남도 없다. 따라서 우리는 잘 알려진 기반에 발을 딛고 서 있는 셈이다. 물론 꿈의 모든 부분이 의식적 기억의 일부로 항상 인식될 수 있다는 말은 아니다. 그와는 반대로 꿈의 부분은 제대로 인식해낼 수 없는 경우가 더 많다. 환자들은 이런저런 꿈의 부분과 관련된 회상 내용을 아주 나중에 가서야 기억해내곤 한다. 그러므로 우리는 꿈을 잠재의식적 기원에서 떠오른 하나의 산물로 간주할 필요가 있다. 잠재의식에서의 이 같은 전개는 항상 동원되어온 본능적 과정이고, 우리는 그저 그렇게 나타난 꿈의 부분들이 어디서 비롯된 건지 기억해내려고 노력할 뿐이다. 정신분석의 꿈 해석법은 지극히 단순한 이 원리에 기반을 두고 있다. 특정한 꿈의 단편들이 우리의 일상적 경험들에서 도출된다는 건 사실이지만, 그런 경험 기억은 거의 아무런 관심도 끌지 못하는 사소한 기억이기 때문에 종종 망각 속으로 내던져져 잠재의식 속으로 가라앉아버린다. 따라서 그런 꿈 조각들 역시 잠재의식적 표상(이미지들)의 산물이라 해야 마땅하다.

꿈을 해석하는 정신분석의 원칙은 이토록 단순하다. 그 원칙은 사실 이미 오래전부터 알려져왔다. 남은 과정은 이 길을 논리적으로 끈질기게 따라가는 것뿐이다. 만일 누군가가 꿈을 해석하는 데 오랜 시간을 투자한다면(정신분석 이외의 분야에서는 이런 일이 결코 일어나지 않는다), 그는 개별적인 꿈 조각과 관련된 회상 내용을 점점 더 발견하게 될 것이다. 하지만 특정한 꿈 조각에 대응되는 회상 내용을 항상 찾아낼 수 있는 건 아니다. 그럴 경우 당사자는 좋든 싫든 그 부분을 당분간 그대로 내버려두어야 한다. 나는 여기서 '회상'이란 표현을 구체적 경험들의 기억뿐만 아니라 그 기억과 내적으로 연관된 의미들까지 함께 뜻하는 용어로 사용했는데, 이렇게 정의된 회상 내용 전체를 우리는 '꿈의 재료'라고 부른다. 분석가는 이 재료들을 토대로 보편타당한 과학적 방법에 따라 꿈을 분석해나간다. 만일 어떤 과학자가 실험 재료들을 가지고 연구한다면, 그는 그 재료의 각 부분들을 비교하여 유사성에 따라 배열하는 작업부터 수행할 것이다. 우리가 꿈의 재료를 다룰 때도 이와 똑같은 과정을 거친다. 즉 우리는 그 재료의 형식적이거나 물질적인 공통 특성들을 한데 모아 배열한다. 이 작업을 수행하는 분석가는 모든 편견을 철저히 배제해야 한다. 나는 초심자들이 재료들에서 특정한 경향성을 찾아내길 기대하면서, 그와 같은 자신의 기대에다가 재료들을 끼워 맞추는 모습을 항상 목격해왔다. 그리고 이런 성향은 잘 알려진 편견과 오해에 빠져 정신분석을 극렬히 거부했던 동료들에게서 특히 두드러졌다. 운명이 그들을 분석하도록 나를 이끌었을 때, 그리고 그들이 마침내 분석 방법에 대한 통찰을 얻게 되었을 때, 나는 그들이 자기 자신의 선입견에 따라 재료를 끼워 맞추는 오류를 누구보다 잘 범한다는 사실을 깨닫게 되었다. 즉 정신분석을 대하던 그들의 이전 태도가 꿈의 재료들에도 그대로 영향력을 행사한 것이다(그 동료들은 자신의 그런 성향을 객관적으로 인식해내지 못했다). 하지만 꿈 재료를 조사하는 작업에 뛰어드는 사람은 그 어떤 불일치도 두려워해서는 안 된다. 꿈의 재료들은 대부분 공통점을 찾기 힘든 매우 상이한 심상들로 구성되어 있기 때문이다. 그렇지만 이와 관련된 예를 드는 것은 자제하려 한다. 그토록 광범위한 자료를 강의에 도입하는 것은 불가능하기 때문이다.

어쨌든 이처럼 분석가는 자료들을 비교하여 결론을 도출해내는 연구자와 똑같은 방식으로 무의식의 내용을 분류해낸다. 그런데 사람들은 종종 "꿈이 왜 잠재의식적 내용을 포함해야 하는가?"라고 의문을 제기하면서 우리의 의견에 반대해왔다. 하지만 나는 이런 반대가 비과학적이라고 생각한다. 모든 심리적 사건에는 그것만의 고유한 역사가 내포되어 있기 때문이다. 예컨대 내가 여기서 언급하는 모든 문장은 의식적으로 의도한 의미뿐만 아니라 개인적 역사에 바탕을 둔 의미도 함께 지니고 있는데, 그 역사적인 의미는 의식적인 의미와는 완전히 다른 것일 수도 있다. 나는 지금 의도적으로 다소 역설적인 표현을 사용하고 있고, 내게는 이 문장들을 그것의 개인사적 의미에 따라 설명할 의무가 없다. 그렇지만 시처럼 더 크고 복잡한 구성물의 경우, 그 역사적 의미를 드러내기도 더 쉬울 것이다. 아마도 시 작품에 저자 고유의 형식과 주제, 개인사가 배어 있다는 사실―겉으로 드러난 의미 외에도―을 부인할 사람은 없을 것이다. 시인은 스쳐가는 기분을 능수능란하게 표현해낼 뿐이지만, 그 시를 연구하는 평론가는 그 말들에서 시인이 생각지도 못한 의미들을 이끌어낸다. 그런데 시를 분석해내는 평론가의 이 기법은 정신분석의 기법과 여러 모로 닮아 있다. 따라서 정신분석의 기법을 역사적인 분석 및 종합 작업에 비유해도 큰 무리는 없을 것이다. 예컨대 우리가 오늘날 교회에서 실행되는 세례 의식의 의미를 이해하지 못한다고 가정해보자. 성직자들은 이 세례 행위에 아이를 교회 공동체 안으로 받아들인다는 의미가 있다고 말해주겠지만, 우리는 그런 설명에 만족하지 못한다. 세례가 그런 의미라면 대체 아이에게 물은 왜 뿌리는 걸까? 이 의례의 의미를 제대로 이해하려면, 우리는 세례의 역사, 즉 그 의례와 관련된 인류의 기억들에서 비교 자료를 끌어모으는 일부터 시작해야 할 것이다. 이 작업은 다양한 각도에서 수행되어야 한다.

첫째, 세례는 명백한 하나의 입문 의식, 축성 의식이다. 따라서 우리는 무엇보다 입문 의식의 흔적을 보존하고 있는 자료들부터 끌어모아야 한다.

둘째, 세례 행위에는 물이라는 매체가 동원된다. 그러므로 우리는 이 독특한 매체가 활용되는 다른 의식들의 사례를 찾아보아야 한다.

셋째, 세례는 그 물을 아이에게 뿌리는 행위로 구성된다. 따라서 우리는 입문자에게 물을 뿌리거나 아이를 물에 담그는 모든 의례를 한데 모아 보아야 한다.

넷째, 우리는 세례의 상징적 행위와 유사성을 지닌 모든 신화적 자료와 미신적 관습을 수집해 들여야 한다.

이런 식으로 우리는 세례 행위와 관련된 비교 연구 자료들을 확보하게 된다. 우리는 이를 통해 세례의 기본이 되는 요소들을 식별하게 되고, 세례의 본질적 의미를 이해하게 되며, 세례 행위의 모든 세부적 측면들을 이해하도록 해주는 종교적 신화의 세계에 대해서도 더 잘 알게 된다. 정신분석가가 꿈을 다루는 방식도 이와 같다. 분석가는 꿈의 각 단편들이 개인사의 어떤 부분에 상응하는지 찾아낸 뒤 그 기억들을 한데 모음으로써, 꿈의 심리적 함의를 재구성해내고자 노력한다. 꿈에 대한 이 같은 가공 작업을 통해 우리는―세례 행위의 분석에서와 같이―잠재의식적 결정 인자들 간의 복잡 미묘한 연관 관계에 대해 깊은 통찰을 얻게 되는데, 이 통찰은 앞서 말했듯 특정 사건에 대한 역사적 이해에 버금가는 것이다.

나는 실제 현장에서, 특히 진료 초반부에 모든 꿈의 사례가 완벽하게 분석되는 것은 아니라는 점을 밝혀두려 한다. 도리어 우리는 환자가 우리에게 숨기려 하는 그 문제가 완전히 명료해져 환자 자신에게조차 인식될 때까지 연상 내용들을 계속해서 수집하기만 한다. 이후 그 문제는 의식의 정제 작업을 거쳐 최대한 명료하게 가다듬어지고, 우리는 또다시 해결하기 어려운 문제 앞에 놓이게 된다.

독자는 이제 환자가 아예 꿈을 꾸지 않으면 어떻게 하느냐고 물어올 것이다. 이에 대해 나는 지금까지 모든 환자가―꿈을 꾼 적이 한 번도 없다고 주장한 환자들조차―분석을 거치는 동안 꿈을 꾸게 되었다고 분명히 보증할 수 있다. 하지만 생생한 꿈을 꾸기 시작한 환자들이 갑자기 꿈꾸기를 중단하는 일은 종종 발생한다. 나는 지금까지의 경험을 통해 꿈을 꾸지 않는 이런 환자들에게 자기 혼자서만 품고 있는 의식적 자료가 매우 풍부하다는 점을 확신하게 되었다. 하지만 그들은 그 자료를 의사에게 내보이려 하지 않는데, 그 이유는 대부분 다음과 같다. "나는 이제 의사의 손 안에 있어. 난 의사한테 치료받고 싶고, 의사는 자기 일을 해야 하니까, 나는 수동적으로 가만히 있어야만 해."

저항이 이보다 더 심각할 때도 있다. 예컨대 자신의 성격에 있는 도덕적 결함을 받아들일 수 없는 사람들은 그 결함을 의사에게 투사한 뒤, 혼자서 조용히 의사의 도덕성을 문제 삼기 시작한다. 이렇게 되면 그들은 불쾌한 사실에 대해 의사와 터놓고 이야기할 수 없게 된다. 이런 환자가 처음부터 꿈을 꾸지 않거나 꿈꾸기를 중단한다면 그건 그가 의식적으로 다룰 수 있는 자료들을 혼자서만 보유하고 있다는 뜻이다. 여기서는 의사와 환자 간의 개인적 인간관계가 주된 장애 요인으로 작용한다. 이 장애 요인은 상황을 명료하게 보지 못하도록 의사와 환자 모두를 방해한다. 그런데 우리는 의사가 환자의 심리 상태에 대해 흥미를 보여주고 또한 보여주어야 하는 것과 같이 환자 역시 그의 태도가 능동적이라면 의사의 심리 상태에 대해 감을 잡고 그에 상응하는 태도를 취한다는 점을 잊지 말아야 한다. 따라서 의사가 자기 자신과 자신의 잠재의식적 문제를 이해하지 못하면, 환자의 정신적 태도 역시 이해할 수 없게 된다. 내가 분석 작업을 실행하기에 앞서 의사 자신부터 분석받아야 한다고 주장하는 건 바로 이 때문이다. 이 자기 분석 과정을 거치지 않는다면 분석 작업은 분석가에게 엄청난 실망감만 안겨줄 것이다. 더 이상 진전이 불가능한 지점에 도달하여 이성을 잃게 될 가능성이 높기 때문이다. 그렇게 되면, 그는 자신의 정신이 좌초되었다는 사실을 숨기기 위해 정신분석을 허무맹랑한 것으로 간주하려 들 것이다. 하지만 자신의 심리 상태에 대해 확신이 있는 분석가라면, 환자에게 '아직 처리되어야 할 의식 자료가 남아 있기 때문에 꿈을 꾸지 못하는 것'이라고 자신 있게 말해줄 것이다. 내가 이런 경우 분석가들에게 자기 확신이 있어야 한다고 강조하는 건, 분석가들에게서 가끔 노출되는 가차 없는 비판이 그런 비판을 맞이할 준비가 안 된 사람들에게 엄청나게 불쾌한 것으로 다가올 수 있기 때문이다. 이렇게 의사가 자기 균형을 상실하게 되면, 그는 환자에 대한 영향력을 유지하기 위해 환자와 즉시 논쟁을 벌이게 되는데, 이런 태도는 물론 더 이상의 분석 작업을 완전히 불가능하게 만들어놓는다.

나는 꿈이 무엇보다 먼저 분석을 위한 재료로만 활용되어야 한다고 주장해왔다. 분석 초기부터 꿈을 '완전히' 해석하겠다고 달려드는 건 불필요할 뿐만 아니라 어리석기조차 한 태도이다. 꿈을 완벽하고 철저하게 해석해내는 건 실로 매우 어려운 일이기 때문이다. 우리가 가끔씩 정신분석 관련 간행물들에서 읽는 꿈의 해석 사례들은 일방적인 경우가 많고, 때로는 논쟁의 여지가 있는 경우조차 있다. 여기에는 모든 것을 성적인 것으로 환원하려 드는 비엔나 학파의 일방적인 해석도 포함된다. 우리는 꿈의 다차원적 특성을 항상 염두에 둔채 무엇보다도 일방적인 해석을 경계해야 한다. 꿈이 다차원적 의미를 지닌다는 사실은 정신분석 치료 초기에 특히 중요한 의미를 지닌다. 예를 들어, 한 환자는 치료를 받기 시작한 뒤 얼마 지나지 않아다음과 같은 꿈을 꾸었다. "그녀는 이상한 도시에 있는 모텔에 머물고 있었다. 그때 갑자기 불이 났고, 그녀와 함께 있던 남편과 아버지는 사람들을 구하는 일을 같이 도와주었다." 이 여성 환자는 지적이고, 극도로 회의적이었으며, 꿈 해석이 터무니없는 일이라고 완벽히 확신하고 있었다. 따라서 그녀에게 단 한 차례의 꿈 분석을 권유하는 것조차 매우 힘든 일이었다. 사실 나는 이런 환경에서는 꿈의 진정한 내용을 전달하는 일이 불가능하다는 점을 알고 있었다. 환자의 저항이 너무나도 거셌기 때문이다. 어쨌든 나는 꿈에 가장 자주 등장하는 불이란 소재를 자유연상의 출발점으로 선택했다. 환자는 내게 최근 신문에서 Z 지역에 있는 어떤 호텔이 불탔다는 내용을 읽은 기억이 있다고 말해주었다. 그녀가 그 호텔을 기억한 건 한때 그곳에 머문 적이 있었기 때문이다. 당시 환자는 그 호텔에서 한 남자를 만나 친해졌고, 그와 다소 수상쩍은 애정 관계를 발전시켰다. 이 이야기를 하는 도중 그녀는 자기가 이와 비슷한 모험을 수차례 거듭해왔다는 사실을 떠올렸는데, 모두 경박한 성격을 띤 돌출 행동이었다. 이 중요한 기억 조각은 꿈의 단편에 대한 최초의 자유연상을 통해 의식에 떠오르게 되었다. 이 연상 내용이 없었더라면 환자는 꿈의 충격적인 의미를 받아들이려 하지 않았을 것이다. 아마도 그녀는 특유의 경솔한 태도를 살려―그녀의 회의주의는 이 경솔함의 한 측면에 불과했다―꿈의 의미를 드러내려는 시도를 차분히 물리쳐버렸을 것이다. 하지만 그녀의 경박한 성적 태도가 그녀 자신이 떠올린 자료에 의해 인식되고 입증되었기 때문에 나는 이어지는 꿈들을 더욱 철저히 분석할 수 있게 되었다.

이처럼 치료 초기에 꿈을 활용하는 건 매우 유익한 일이다. 꿈의 내용과 연관된 환자의 자유연상을 통해 중요한 잠재의식적 자료에 도달할 수 있기 때문이다. 하지만 이 기법을 사용하는 분석가는 매우 세심한 주의를 기울여야 하며, 특히 분석 작업을 막 시작한 분석가들은 더없이 신중한 태도로 작업에 임해야 한다. 꿈을 임의적으로 번역하는 행위, 즉 널리 알려진 상징적 의미를 꿈의 내용에 그대로 대응시키는 미신적 분석은 절대 금물이다. 확고히 고정된 상징적 의미 같은 건 존재하지 않기 때문이다. 자주 되풀이되는 특정한 상징이 분명 존재하긴 하지만, 그 상징의 의미는 상황에 따라 얼마든지 변할 수 있다. 예를 들어, 뱀이 꿈에 나타났을 때 그 뱀을 남근의 상징으로 단정짓는 태도는 뱀이 남근으로 해석되는 경우도 있다는 사실을 부정하는 것만큼이나 부당한 태도이다. 모든 상징은 하나 이상의 의미를 지니기 때문이다. 따라서 나는 일부 정신분석 문헌에 등장하는 것 같은 배타적인 성적 해석을 인정할 수 없다. 경험을 통해 그런 해석이 일방적이고 불충분하다는 점을 알게 되었기 때문이다. 이에 대한 예로 젊은 환자의 매우 간단한 꿈 하나를 제시해보고자 한다. 그 꿈은 다음과 같다. "나는 어머니 및 여동생과 함께 계단을 올라가고 있다. 우리가 계단 꼭대기에 도달했을 때, 나는 여동생이 곧 아이를 갖게 될 것이라는 말을 듣는다."

이제 나는 독자들에게 이 꿈이 현재의 지배적인 관점에 힘입어 어떻게 성적인 의미를 갖도록 번역되는지 보여주고자 한다. 우리는 근친상간적 환상이 신경증 환자의 삶에서 중대한 역할을 한다는 사실을 잘 안다. 그러므로 '어머니 및 여동생과 함께'라는 부분은 근친상간과 연관된 것으로 간주되기 쉬울 것이다. 또한 '계단'은 이미 확립된 것으로 간주되는 성적 의미를 지니고 있다. 계단을 오르는 주기적 행위가 성적 행동에 대한 상징으로 나타나기 때문이다. 따라서 우리 환자의 여동생이 낳게 될 아이는 이런 상황의 논리적 결과에 지나지 않게 될 것이다. 이렇게 번역한다면, 이 꿈은 프로이트의 꿈 이론에서 중요한 역할을 담당하는 유아적 소망의 충족을 나타낸다고 할 수 있을 것이다.

그렇지만 나는 다음과 같은 추론의 도움을 받아 이 꿈을 다시 분석해보았다. '계단을 성행위에 대한 상징으로 해석한다면, 나는 무슨 권리로 어머니와 여동생, 아이 등을 상징물이 아닌 실제 대상으로 간주하는가? 꿈의 그림들이 상징적이라는 주장에 힘입어 꿈속의 일부 대상에 상징적 가치를 부여한다면, 나는 무슨 권리로 다른 대상들을 이 과정에서 제외시키나? 그러므로 만일 내가 계단을 오르는 장면에 상징적 가치를 부여한다면, 마땅히 어머니와 여동생, 아이를 나타내는 그림에도 상징적 가치를 부여해야 할 것이다.' 이렇게 해서 나는 꿈을 번역하는 것이 아니라 진정으로 분석하게 되었다. 그 결과는 놀라웠다. 나는 독자들 스스로 꿈 자료에 대한 견해를 형성할 수 있도록 꿈의 부분 각각에 대한 자유연상 내용을 제시할 생각이다. 하지만 그전에 그 젊은 남성이 대학을 몇 주 전에 졸업했고 직업을 선택하느라 고심하다가 결국 신경증까지 걸리게 되었다는 점부터 말해두어야겠다. 그는 신경증 때문에 하던 일을 포기해야 했는데, 그의 신경증은 동성애적 성향을 두드러지게 나타냈다.

일단 어머니와 관련된 환자의 연상 내용은 다음과 같다. "나는 오랫동안 아주 오랫동안 어머니를 보지 못했다. 나는 이 점 때문에 나 자신을 꾸짖어야 했다. 어머니를 그토록 소홀히 한 건 분명 내 잘못이다." 이 경우 '어머니'는 부당하게 무시당한 무언가를 상징한다고 할 수 있을 것이다. 그래서 나는 환자에게 "그것이 무엇입니까?"라고 물어보았다. 그러자 환자는 무척 당황한 기색으로 "제 직업이요"라고 답했다.

여동생과 관련된 환자의 연상 내용은 다음과 같다. "여동생을 본지 수년이 다 되어간다. 여동생을 다시 보고 싶은 마음이 간절하다. 여동생에 대해 생각할 때마다 나는 동생과 헤어지던 순간이 기억난다. 당시 나는 여동생에게 애정을 담아 입맞춤을 해주었는데, 그 순간 여인을 사랑한다는 것이 어떤 의미인지 처음으로 깨닫게 되었다." 여동생이 '여성을 향한 사랑'을 상징한다는 점이 환자에게 즉시 명백해졌다.

계단과 관련된 연상 내용은 다음과 같다. "위로 올라가는 것, 꼭대기에 다다르는 것, 인생에 성공하는 것, 성숙해지는 것, 위대해지는 것." 그리고 아이에 대한 연상 내용은 다음과 같다. "새로 태어나는 것, 부활, 갱생, 새로운 인간이 되는 것."

이런 언급을 듣는 것만으로 환자의 꿈이 유아적 욕구의 충족을 나타내는 것이 아니라 미성숙으로 인해 무시되어온 생물학적 의무에 대한 표현이란 점을 이해하는 데 충분할 것이다. 필연적인 생물학적 과정은 이처럼 꿈꾸는 자를 압박하여 실제 삶에서 무시해온 의무들에 대해 속죄하도록 만들기도 한다.

이 꿈은 합목적적 기능을 지닌 꿈의 대표적인 예인데, 내 동료인 메데(Alphonse Maeder) 박사가 꿈의 이런 기능을 특히 강조한 바 있다. 일방적인 성적 해석에만 집착한다면 우리는 꿈의 이 진정한 의미를 놓쳐버리고 말 것이다. 꿈에 나타난 성적인 특성들은 무엇보다도 하나의 표현 수단일 뿐이며, 따라서 그것이 항상 꿈의 의미와 목적을 나타낸다고 보아서는 결코 안 된다. 환자의 시선이 자신의 내면생활이나 과거가 아닌 미래로 향할 정도로 분석이 진척된 시점에서는 꿈의 이 같은 합목적적 의미가 특히 더 중요해진다.

상징의 적용과 관련하여, 이 꿈의 사례에서 고정불변의 상징은 존재하지 않는다는 점 또한 배울 수 있다. 비교적 자주 반복되는 일반적 의미가 있긴 하지만 고정된 것은 결코 아니다. 지금까지의 경험을 통해 나는 꿈의 이른바 성적 의미와 관련하여 다음과 같은 실용적 규칙을 세우게 되었다.

'치료 초기의 꿈 분석을 통해 꿈에 명백한 성적 의미가 있다는 점이 드러나면 그 의미를 현실적인 것으로 간주해야 한다. 즉 이런 꿈은 환자의 성적 태도 자체를 세심하게 교정할 필요가 있다는 점을 나타내주는 꿈이다. 예를 들어 꿈에 잠재된 내용이 근친상간적 환상이란 점이 명백히 밝혀지면 분석가는 유아 시절 환자가 자신의 부모, 형제, 자매 및 그 역할을 대신할 수 있는 다른 사람들과 맺은 관계를 면밀히 조사해야만 한다. 하지만 분석의 나중 단계에 나타나는 꿈이 이미 제거된 것이 분명한 근친상간적 환상을 핵심 내용으로 한다면, 분석가는 그 환상에 실제적인 가치를 부여하지 말고, 상징적인 것으로 간주해야만 한다. 성적 환상을 겉모습 그대로 받아들이는 대신, 그 안에 내포된 상징성을 해석해내야 하는 것이다. 만일 그 성적 환상의 겉모습을 벗겨내는 데 실패한다면, 우리는 환자를 계속 성의 영역으로 끌어들임으로써 그의 인격 발달에 해를 입히고 말 것이다. 환자를 원시적 성욕에 휩싸이게 하는 것은 치료에 별 도움이 안 된다. 그런 조처는 건강이나 자유를 결코 얻어낼 수 없는 문명의 최하층부에 환자를 내버려두는 것이나 다름없다. 야만 상태로의 퇴행은 문명

화된 인간에게 어떤 이득도 전해주지 못한다.'

물론 성적인 꿈의 내용을 상징적이거나 비유적인 의미로 해석해야 한다는 두 번째 공식은 분석 초기에 나타나는 꿈들에도 그대로 적용된다. 그리고 성적 환상의 상징적 가치를 고려하지 말아야 한다는 첫 번째 공식은 신경증 환자의 비정상적 성 환상에 실제적인 가치가 부여될 때마다, 즉 환자 스스로 그런 환상들의 영향을 받아 괴로워할 때마다 적용되어야 한다. 경험은 우리에게 그런 실제적 환상들이 환자의 현실 적응을 방해할 뿐만 아니라 온갖 종류의 부적절한 성행위를 하도록(가끔씩 정말로 근친상간이 일어나기도 함) 이끌기도 한다는 점을 가르쳐주었다. 이런 상황에서 꿈의 상징적 내용만을 고려한다는 것은 역시나 아무 소용도 없는 일일 것이다. 이럴 때는 꿈의 구체적 내용부터 우선 처리해내야 한다.

이런 논의는 프로이트가 제시한 꿈 이론과 구분되는 다른 이론을 바탕으로 한다. 나의 경험이 다른 이론을 세우도록 나를 몰아붙인 것이다. 프로이트에 의하면 꿈은 본질적으로 개인의 이상과 갈등을 빚는 억압된 욕망의 상징적 표현물이다. 하지만 나는 꿈의 구조를 다른 방식으로 바라볼 수밖에 없다. 내게는 꿈이 무엇보다도 깨어 있는 개인의 심리 상태에 대비되는 잠재의식적 그림으로 보인다. 꿈이 우리에게 제시해주는 건 매순간의 심리 상태에 의해 촉발된 잠재의식적 연상 자료들의 요약본이다. 프로이트가 억압된 욕망이라고 한 꿈의 소원 성취적 의미도 내게는 하나의 표현 수단에 불과한 것으로 보인다. 의식의 활동은 생물학적으로 말하자면 개인이 자기 자신을 삶의 조건에 적응시키기 위해 기울이는 심리적 노력 그 자체이다. 개인의 의식은 그 순간의 필요에 그 자신을 적응시키고자 노력하는데, 이는 달리 말하자면 그 개인의 앞에 그가 극복해야만 하는 과제들이 놓여 있다는 뜻이다. 하지만 그 과제에 대한 해답이 알려져 있지 않은 경우가 많으므로 의식은 항상 비슷한 경험에 문의함으로써 그 해답을 찾아내려 한다. 우리가 항상 지나간 일에 대한 이해를 토대로 미래의 알려지지 않은 일을 이해하려 하는 것도 바로 이 때문이다. 그런데 우리에게는 무의식이 의식적 생각에 적용되는 것과 다른 법칙들을 따른다고 가정할 만한 이유가 아무것도 없다. 무의식은 의식과 마찬가지로 그 현실적 과제 주위로 그 자신을 모아들인 뒤, 전에 일어났던 일들과의 비교를 통해 그 문제에 대한 해답을 찾아내려 한다. 실제로도 우리는 알려지지 않은 무언가를 대할 때마다 이 비교라는 과정을 활용한다. 스페인 사람들이 미 대륙을 발견했을 때, 아메리카 원주민들이 스페인 정복자들의 말을 커다란 돼지로 간주했다는 사실은 이에 대한 잘 알려진 예이다. 이들은 말을 본 적이 한 번도 없던 것이다. 이처럼 이 비교라는 과정은 알려지지 않은 대상을 인식할 때 우리가 항상 활용하는 수단으로, 유비 관계를 통한 이해 과정 그 자체인 '상징'의 근본적 존재 이유이기도 하다. 꿈속에 포함되어 있는 '억압된 욕망들'은 잠재의식의 표현을 위해 동원되는 일종의 언어 재료와도 같은데, 이 특정한 문제와 관련해 나는 프로이트 학파의 또 다른 구성원인 아들러와 완전히 견해를 같이한다. 잠재의식적 표현 수단이 욕망의 성질을 띤 요소들로 구성된 이유에 대해서는 일단 꿈 사고의 고태적 본성 때문이라고 말해두어야겠다. 나는 이전 연구에서 이미 이 문제에 대해 다룬 바 있다.[33]

꿈의 구조에 대한 우리의 다른 이론으로 인해 분석의 후반부 역시 지금까지와는 다른 인상을 띠게 된다. 분석의 후반부에 성적 환상에 부여되는 상징적 가치는 환자의 인격을 원시적 경향으로 축소시키는 대신 그의 정신적 태도를 발달시키고 확장시켜준다. 즉 그 상징적 해석은 환자의 사고를 더 풍부하고 깊게 만듦으로써, 인간이 삶에 적응하기 위해 활용해온 가장 강력한 무기 중 하나인 지성을 환자의 손에 쥐어준다. 이 새로운 노선을 논리적으로 따라감으로써 나는 종교적이고 철학적인 이 동기―이른바 인간 존재의 형이상학적 필요―가 분석가들의 긍정적인 고려 대상으로 자리 잡아야 한다는 결론에 이르게 되었다. 분석가들은 성적 환상에 내재된 이 동기를 원시적이고 성적인 원리로 환원하는 대신 심리적으로 가치 있는 삶의 목적을 위해 봉사하도록 만들 수 있어야 한다. 이렇게 해서 이 본능들은 오랜 옛날부터 행사해온 그 기능들을 다시금 회복하게 된다.

원시적 인간이 종교, 철학적 상징의 도움을 받아 그 자신을 원초적 상태에서 해방시킬 수 있었던 것처럼, 신경증 환자 역시 그와 비슷한 과정을 통해 자신의 질병을 털어버릴 수 있다. 이 말이 종교, 철학적 도그마에 대한 신념을 환자에게 강요해야 한다는 뜻이 아니라는 건 굳이 언급할 필요조차 없을 것이다. 내가 말하고자 하는 것은

---

33 Jung, *Psychology of the Unconscious*; 융, 『리비도의 변환과 상징』.

초기 문명기에 종교, 철학적 도그마에 대한 살아 있는 신념으로 나타난 심리적 태도를 환자 스스로 다시 취하도록 할 필요가 있다는 것뿐이다. 하지만 종교, 철학적 태도가 도그마에 대한 신념과 반드시 일치할 필요는 없다. 도그마란 건 종교·철학적 태도의 결과일 뿐이기 때문이다. 도그마는 시대 및 환경 변화에 의존하는 일시적인 지적 구성물에 불과하다. 그렇지만 종교·철학적 태도 그 자체는 생물학적으로 무한한 가치를 지닌 하나의 기능으로 더할 나위 없는 문명의 성취라 할 수 있다. 그 태도는 미래 세대의 이익을 위해 창조적인 작업을 수행하도록 인간을 자극하며, 필요할 경우 종 전체를 위해 자기 자신을 희생하도록 만들기까지 한다.

이렇게 해서 인간은 야생동물에게 무의식적, 본능적으로 속하는 것과 같은 종류의 일체감과 전체성, 자신감, 자기희생 능력 등을 의식적으로 보유하게 된다. 문명의 발달을 위해 마련된 경로에서 이탈하게 만드는 모든 축소와 환원은 환자를 절름발이 동물로 만들 뿐 결코 '자연스러운 인간'으로 만들어주지 못한다. 분석 과정에서 내가 겪은 수많은 성공과 실패는 이 같은 심리적 방향성이 언제나 옳다는 사실을 확신시켜주었다. 우리는 환자를 돕기 위해 그를 문명의 요구에서 해방시키지 않는다. 우리가 환자를 도울 수 있는 유일한 방법은 문명 발달이란 고된 과업에 능동적으로 참여하도록 환자를 자극하는 것뿐이다. 그렇게 된다면 환자가 이 과업을 수행하면서 겪는 고통이 신경증의 자리를 대신하게 될 것이다. 그렇지만 신경증과 거기에 수반되는 불평들은 훌륭히 마무리된 일과 대담하게 수행된 의

무에 잇따르는 달콤함을 제공해주지 못하는 반면, 유용한 일을 하면서 진정한 어려움을 극복하는 데서 오는 고통은 자신의 삶을 진정으로 살았다는 귀중한 느낌이 동반되는 만족과 평화의 순간들까지 함께 가져다준다.

정신분석에 대한 비평[34]

수년에 걸친 경험을 통해 나는 공공 모임이나 학회에서 정신분석에 대해 논의하는 일이 극도로 어렵다는 점을 알게 되었다. 이 문제와 관련된 오해가 너무나도 많은데다 정신분석의 일부 관점에 대한 편견이 너무나도 팽배해 있기 때문에 대중 강연 같은 곳에서 이 주제에 대한 상호 이해에 도달하는 건 거의 불가능한 일이 되어버렸다. 나는 이 주제를 놓고 조용히 대화하는 것이 여러 사람 앞에서 열띤 논쟁을 벌이는 것보다 훨씬 유익하고 유용하다고 항상 느껴왔다. 하지만 이 학회의 위원회에서 정신분석 운동의 대변인으로 초청받는 영광을 누리게 되었으므로 나는 최선을 다해 정신분석의 근본적

34　1913년 런던에서 열린 17차 국제의학학술대회(International Medical Congress)에 제출된 논문.

인 이론적 개념 몇 가지에 대해 논의해볼 작정이다. 그렇지만 나는 이 강연에서 주제의 범위를 한정지을 수밖에 없었다. 대중 앞에서 정신분석이 뜻하는 바와 추구하는 것, 그 다양한 적용 사례와 심리학적 가능성, 그것의 이론적 경향성 및 '정신과학 영역'(신화, 비교종교학, 철학 따위)에서의 중요성 등을 다 말할 수는 없었기 때문이다. 하지만 정신분석에 근본적인 일부 이론적 문제들에 대해서만 논의하려 해도 청중이 정신분석 연구의 발달 과정과 주된 성과에 대해 잘 알고 있다고 전제할 수밖에 없었다. 안타깝게도 정신분석 문헌들을 읽어보지도 않은 사람들이 자신에게 정신분석을 판단할 권리가 있다고 믿는 경우가 종종 발생한다. 하지만 나는 정신분석과 관련된 근본적 저작들을 직접 연구해보기 전까지는 그 누구도 이 주제와 관련된 판단을 내려서는 안 된다고 생각한다.

지금까지 프로이트의 신경증 이론이 매우 정교하게 가다듬어져 온 건 사실이지만, 그 이론이 전반적으로 접근하기 쉽고 명료하다고까지 말할 수는 없을 것이다. 이런 사정은 신경증 이론에 대한 그의 근본적 관점을 매우 짧게 요약해서 제시하는 일을 정당화해준다.

여러분은 최초의 이론, 즉 히스테리 및 그와 연관된 신경증들의 기원을 어린 시절의 성적 외상에서 찾는 이론이 15년 전에 이미 폐기되었다는 사실을 잘 알 것이다. 성적 외상 또는 트라우마가 신경증의 진정한 원인일 수 없다는 사실이 즉시 명백해진 건, 외상이 너무 보편적인 현상이었기 때문이다. 초기 유년기 때 성적 충격을 경험해보지 않은 사람은 거의 찾아보기 힘들었지만 나중에 가서 신경증 증상을 일으킨 사람은 상대적으로 소수에 불과했다. 또한, 프로이트는 초기의 외상적 사건에 대해 언급한 환자 중 상당수가 그 외상에 대한 이야기를 발명해냈다는 사실을 곧 깨닫게 되었다. 그 일은 실제로 일어난 적이 없는 환상의 창조물에 불과했던 것이다. 게다가 실제로 발생한 외상조차 신경증 발병에 항상 책임이 있는 것은 아니라는 사실이 추가적인 연구를 통해 밝혀지게 되었다. 비록 신경증 구조가 그 외상에 전적으로 의존하는 것처럼 보이는 경우도 있기는 하지만 말이다. 만일 신경증이 외상의 필연적 결과라면 신경증 환자의 수가 이토록 제한된 이유를 설명할 수 없게 될 것이다.

병적으로 강조된 이 충격의 효과는 분명 환자의 **과장된 병적 환상**에 기반을 둔 것이었는데, 프로이트는 이와 똑같은 환상이 상대적으로 초기에 나타나는 나쁜 습관—그가 유아기의 성도착이라고 부른—에서도 모습을 드러낸다고 보았다. 신경증의 병인에 대한 그의 새로운 이론은 이 추가적인 이해에 기반을 둔 것으로 신경증의 기원을 초기 유년기의 특정한 성행위로까지 추적해 들어갔다. 이후 이 이론은 신경증 환자가 초기 유년기의 특정 시기에 '고착'되어 있다는 그의 최근 견해로 이어지게 되는데, 프로이트가 이처럼 고착을 가정한 건, 환자들이 여전히 그 시절의 흔적을 정신적 태도 속에 어느 정도(직접적으로든 간접적으로든) 간직하고 있었기 때문이다. 프로이트는 조발성 치매를 포함한 신경증들을 고착이 발생한 유년기의 발달 단계에 따라 분류하고 세분화하려 시도하기도 했다.

이 이론의 관점에서 보면 신경증 환자는 그의 유년기 과거에 전적으로 의존하는 듯 보이며, 이후의 삶에서 그가 겪는 모든 곤경과 도덕적 갈등, 결함도 그 시기의 강력한 영향력에서 비롯되는 것으로 나타난다. 치료의 주된 관심사는 이 관점과 완전히 부합하며, 따라서 그 유아기적 고착—특정한 유아적 환상과 습관에 성적 리비도가 무의식적으로 부착된 것으로 이해되는—을 해소해내는 데 주로 초점을 맞춘다.

이것이 내가 아는 한 프로이트 이론의 핵심이다. 하지만 이 이론은 "리비도가 오래된 유아적 환상과 습관에 고착되는 이유는 무엇인가?"라는 중요한 질문을 무시한다. 우리는 거의 모든 사람이 신경증 환자의 것과 같은 유아적 환상과 습관을 한때 지녔지만, 거기에 고착되지는 않았고, 따라서 나중에 신경증에 걸리지도 않았다는 점을 기억해야 한다. 그러므로 신경증의 병인학적 비밀은 유아적 환상이 단순히 존재했다는 사실에 있는 것이 아니라, 이른바 고착이 일어났다는 사실에 있다고 할 수 있다. 신경증 사례에서 유아기의 성적 환상의 존재를 확인할 수 있다는 무수한 언급은 그 환상에 병인학적 가치를 부여하는 한 무가치한 것이 된다. 내가 종종 증명해왔듯 그와 똑같은 환상이 정상적인 개인에게서도 발견될 수 있기 때문이다. 특징적인 것으로 보이는 것은 오직 고착뿐이다. 따라서 무슨 근거로 유아기적 고착이 존재한다고 가정하게 된 것인지 물어보는 일이 중요해진다. 충분한 근거가 없었다면 극도로 진지하고 철저한 경험론자였던 프로이트가 그런 가설을 발전시키지 않았을 것이다. 그 근거들은 무의식에 대한 정신분석적 탐구 결과 속에서 발견된다. 정신분석은 다양한 환상이 무의식적으로 존재한다는 사실을 드러내준다. 그 환상들은 그 뿌리를 유아적 과거에 두고 있으며, 이른바 '콤플렉스' 주위를 맴돌고 있다. 이 콤플렉스는 남성에게는 오이디푸스 콤플렉스로, 여성에게는 엘렉트라 콤플렉스로 나타나는데 이 용어들은 거기에 내포된 의미를 완벽히 전달해준다. 오이디푸스와 엘렉트라의 비극적 운명은 어린아이의 운명이 전적으로 가족 경계의 내부에 놓여 있는 것처럼 가족이란 비좁은 제한 영역 안에서 전개된 것이기 때문이다. 따라서 오이디푸스 콤플렉스와 엘렉트라 콤플렉스는 유아기적 갈등의 주된 특성을 이룬다. 이 갈등이 유아기에만 나타난다는 사실은 정신분석 경험을 통해 광범위하게 입증된 바 있다. '고착'은 바로 이 콤플렉스들의 영역 내에서 일어나는 것으로 간주되는데, 환자들의 무의식에 있는 콤플렉스의 강력한 영향력은 프로이트로 하여금 신경증 환자들이 그 콤플렉스에 특히 더 집착한다는 가설을 세우도록 만들었다. 신경증 환자들에게 특징적인 것은 콤플렉스가 단순히 존재한다는 사실이 아니라(모든 사람이 무의식에 콤플렉스를 보유하고 있으므로), 그 콤플렉스에 대한 매우 강한 집착을 보인다는 점이었다. 신경증 환자가 평범한 사람보다 이 콤플렉스의 영향을 훨씬 많이 받는 것이다. 신경증 사례에 대한 최근의 정신분석 기록들을 보면 이를 입증하는 수많은 예를 발견할 수 있을 것이다.

우리는 이 이론이 매우 그럴듯하다는 점을 인정해야 한다. 고착의 가설은 유년기 시절의 영향력이 인간의 정신에 영속적인 흔적을 남기기도 한다는 잘 알려진 사실에 근거하고 있기 때문이다. 문제시되는 건 이 원리만으로 충분한가 그렇지 않은가 하는 점뿐이다. 일단, 유년기 시절부터 신경증적이던 사람들을 조사한다면 우리는 이 원리만으로 충분하다는 결론을 내리게 될 것이다. 콤플렉스가 생애 내내 강력하고 영속적인 영향력을 행사한다는 점을 보여주는 사례이기 때문이다. 하지만 만일 우리가 특별히 힘든 시기를 제외하고는 신경증의 흔적을 보이지 않는 사례들—이런 사례가 매우 많다—을 조사한다면 이 원리의 타당성을 의심하게 될 것이다. 고착이 존재하는 것이 정말 사실이라고 해서 그 위에다가 삶의 특정 시기에는 고착이 느슨해지고 다른 시기에는 갑자기 강화된다는 또 다른 가설을 덧씌우는 행위까지 정당화되는 것은 아니기 때문이다. 사실 이 후자 사례들에서도 우리는 그 콤플렉스가 고착 이론을 명백히 뒷받침하는 사례들에서처럼 강력하고 활동적이라는 점을 발견할 수 있다. 비판적 태도가 특히 정당화되는 곳이 바로 이 지점이다. 신경증이 결코 아무 때나 촉발되는 것이 아니라는 자주 반복되는 관찰을 고려해보기로 하자. 신경증은 대개 매우 중대한 시점에 발병한다. 즉 신경증은 보통 새로운 심리적 적응이 요구되는 바로 그 순간에 촉발된다. 경험 많은 신경학자들이 잘 알고 있는 것처럼 그런 순간은 신경증 발병을 촉진한다. 이 사실이 내게는 그 무엇보다 중요해 보인다. 고착이 정말로 실재하는 것이라면 우리는 그 영향력이 계속 이어지는 모습, 즉 신경증이 전 생애에 걸쳐 지속되는 모습을 찾아볼 수 있어야 할 것이다. 하지만 이는 분명 사실과 다르다. 신경증의 발병은 초기 유아기적 병인에 오직 부분적으로만 의존한다. 어떤 현실적 원인이 함께 작용하는 것이다. 게다가 신경증 환자가 집착하는 유아기적 환상을 주의 깊게 조사해보면 신경증 고유의 요인이 아무것도 없다는 사실에 동의하게 될 것이다. 평범한 사람들 역시 그것과 거의 같은 종류의 내외부적 경험 기억을 지니고 있고, 그 기억에 엄청난 강도로 집착하기까지 하지만 어쨌든 신경증을 일으키지는 않는다. 또한 원시적 생활을 하는 사람들에게서도 유년기에 대한 매우 강한 고착 성향이 발견된다. 이쯤 되면 이른바 고착이 거의 일반적인 현상처럼 보이기 시작할 것이고, 훗날의 정신적 태도에 미치는 유년기의 영향력이 거의 당연한 사실로 느껴지기 시작할 것이다. 신경증 환자가 유년기의 갈등에 특히 큰 영향을 받는다는 사실은 고착이란 현상 자체보다 유년기의 과거 기억을 사용하는 독특한 방식이 문제시된다는 점을 보여준다. 신경증 환자들은 유년기 기억의 중요성을 과장한 뒤, 거기에 엄청난 인위적 가치를 부여하는 듯 보인다(프로이트의 동료인 아들러도 이와 매우 유사한 관점을 피력한 바 있다). 그렇지만 프로이트가 이 고착의 가설로 자신의 이론을 제한했다고 말하는 것은 부당한 일일 것이다. 그 역시 내가 방금 언급한 내용을 의식하고 있었다. 프로이트는 유년기의 회상 내용을 재활성화하거나 이차적으로 과장하는 이 현상을 '퇴행(regression)'이라고 불렀다. 하지만 프로이트는 오이디푸스 콤플렉스의 근친상간적 욕망이 유아적 환상으로 퇴행하는 진정한 이유인 것처럼 말한다. 만일 그것이 사실이라면 우리는 이 원초적인 근친상간 성향에 무지막지한 강도를 부여해야만 할 것이다. 사실 프로이트는 최근 들어 아이들의 '근친상간 장벽'을 원시인들의 '근친상간 금지'와 비교한 바 있다. 그는 원시인의 실제적인 근친상간 욕망이 금지 법규의 발명을 이끌어냈을 것이라고 가정한다. 하지만 내게는 근친상간 금기가 원시인 특유의 미신적 불안―근친상간 및 그것에 대한 금기와 독립적으로 존재하는―에서 비롯된 온갖 종류의 금기 중 하나에 불과한 것으로 보인다. 나로서는 원시 인류의 욕망과 마찬가지로 어린 시절의 근친상간적 욕망에도 특별한 중요성을 부여할 수 없다. 나는 원초적 근친상간 욕망이나 다른 종류의 성적 욕망에서 퇴행의 이유조차 찾지 못하겠다. 내게는 성적인 측면만 강조하는 신경증 병인론이 너무 편협하게 느껴진다. 이런 비판은 성에 대한 편견에 기초한 것이 아니라, 신경증 문제 전반에 대한 경험적 이해를 바탕으로 한 것이다.

그러므로 나는 정신분석 이론이 성적 요인만을 강조하는 관점에서 해방되어야 한다고 생각한다. 나는 성적 요인을 축소한 그 자리에 신경증 심리학에 대한 **에너지론적 관점**(energic view-point)을 도입할 것을 권한다.

모든 심리 현상은 에너지의 발현으로 간주될 수 있다. 이는 율리우스 R. 마이어가 에너지 보존 법칙을 발견한 이후 모든 물리 현상이 에너지의 발현으로 설명된 것과도 같은 맥락이다. 이 에너지는 주관적이고 심리적인 의미에서의 **욕망**(desire) 자체인데, 나는 그것을 성적 의미로 국한되지 않던 본래의 용법에 따라 **리비도**(libido)라고 부른다. 살루스티우스(Sallustius)도 이 용어를 우리와 완전히 같은 방식으로 사용하여 다음과 같이 말한 바 있다. "〔젊은 군사들은〕 창녀와 연회보다 무기와 군마에 더 큰 **욕망**(libidinem)을 느끼게 되었다."

이처럼 더 넓은 관점을 취한다면 리비도는 보편적 '생명력'으로 또는 베르그송(Henri Bergson)이 말한 '생의 약동(elan vital)'으로 이해될 수 있을 것이다. 이 에너지는 젖먹이들에게서 영양 섭취 본능의 형태로 처음 발현된다. 그리고 이 단계에서 리비도는 빠는 행위의 다양한 변형을 거쳐 성적 기능으로 서서히 발달해나간다. 따라서 나는 빠는 행위를 성적 행위로 간주하지 않을 것이다. 빠는 행위의 쾌감은 분명 성적 쾌감이 아닌 영양 섭취의 쾌감인데 그건 물론 쾌락 자체만으로 성적 특성을 나타낸다는 증거가 어디에도 없기 때문이다. 어쨌든 이 발달 과정은 성인기에 이르기까지 계속되며 외부 세계에 대한 적응 능력 증대와 긴밀하게 연관된다. 그런데 이 리비도가 적응 과정상에서 장애물을 만나게 되면 장애 극복을 위한 노력에 투여되어야 할 에너지가 축적되는 현상이 발생한다. 그리고 그 장애물을 극복하는 것이 불가능해 보일 경우에는 장애의 극복을 위한 내적 원천, 즉 저장된 리비도가 퇴행을 일으키게 된다. 그 리비도는 이제 노력을 증대시키는 대신, 눈앞의 문제를 내버려둔 채 더 원시적인 적응의 이전 단계로 되돌아가고 만다. 우리는 사랑이나 결혼 생활에서의 실망 때문에 신경증이 발생하는 히스테리 사례들에서 이와 같은 퇴행의 예들을 풍부하게 찾아볼 수 있다. 여기서 우리는 잘 알려진 식이섭취 장애와 온갖 종류의 소화불량 관련 장애와 마주치게 된다. 이 사례들에서는 적응을 위한 노력에서 등을 돌린 퇴행적 성격의 리비도가 식이 섭취 기능을 좌지우지하면서 커다란 문제들을 유발시킨다.

이런 사례는 퇴행의 명백한 예라 할 수 있다. 이와 비슷한 퇴행의 효과들은 식이 섭취 기능에 문제가 일어나지 않는 사례들에서도 발견되는데, 여기서 우리는 오래된 과거의 회상들이 퇴행적으로 재생되는 현상을 어렵지 않게 찾아볼 수 있다. 부모와 연관된 기억들이 오이디푸스 콤플렉스의 형태로 재현되는 것이다. 여기서는 유년기의 사건과 기억 — 전에는 조금도 중요하지 않던 — 이 갑자기 그런 인상을 띠게 된다. 퇴행적으로 재활성화되었기 때문이다. 하지만 삶의 여정을 가로막는 장애물을 치울 수만 있다면, 이 유년기 환상 전체가 단숨에 무너져내리게 될 것이다. 즉 그 환상들은 다시 전처럼 비활성 상태로 가라앉게 될 것이다. 하지만 그 환상들이 어느 정도는 계속해서 작용한다는 사실, 항상 그리고 모든 곳에서 우리에게 영향을 미친다는 사실을 잊지는 말기로 하자. 나는 이 관점이, 특정 기능의 '우월한 부분'이 '열등한 부분'에 의해 대체된다고 한 자네(Pierre Janet)의 가설과 매우 유사하다는 점을 언급하지 않을 수 없다. 또한, 이 관점은 신경증 증상을 원시적 성격의 정서 반응으로 간주한 클라파레드(Edouard Claparede)의 이론을 상기시키기도 한다.

따라서 나는 신경증의 원인을 더 이상 과거에서 찾지 않고 현재에서 찾을 생각이다. 즉 나는 "환자가 성취해내지 못한 필수적 과제가 무엇인가"라고 물을 것이다. 환자의 유년기 환상은 내게 충분한 병인학적 설명을 제공해주지 못하기 때문이다. 그 환상들은 삶의 요구에 부응하는 자연스러운 경로를 찾지 못한 리비도가 퇴행하면서 부풀려놓은 똑같은 환상에 불과하다.

만일 여러분이 "왜 신경증 환자들은 자신의 필수적 과제를 기피하려 드는가?"라고 묻는다면, 나는 그 어떤 생명체도 새로운 조건에 그 자신을 쉽게 적응시키지 못한다고 답할 것이다. **최소 노력**(minimum of effort)의 원칙은 모든 곳에 적용되는 것이다.

신경증 환자들이 항상 그런 것처럼 민감하고 다소 조화롭지 못한 성격을 지닌 사람들은 이미 확립된 삶의 방식을 따르는 평범한 사람들보다 더 어렵고 특별한 삶의 과제에 직면할 가능성이 높다. 신경증 환자에게는 확립된 경로 같은 게 없는데, 이는 그들의 목적과 과업이 매우 개인적인 성격을 띠기 때문이다. 신경증 환자는 보통 사람보다 더 많은 노력을 하도록 강요하는 그 자신의 독특한 본성을 제대로 인식하지 못한 채, 평범한 사람들의 다소 느슨하고 부주의한 방식대로 따르고자 노력한다. 신경증 환자 중에는 매우 어린 시절부터 고조된 민감성과 적응에 대한 저항을 보여준 사람들도 존재한다. 그들은 어머니의 젖을 먹는 데 어려움을 겪기도 하고, 일상에서 과장된 신경증적 반응을 내보이기도 한다. 이런 신경증적 소인은 모든 심리학에 선행하는 것으로, 그 심리학적 병인을 찾아내는 것이 불가능하다. 하지만 그 소인이야말로―원한다면 '태생적 민감성'이라고 불러도 좋을 것이다―적응에 저항하도록 만드는 최초의 원인이다. 적응으로 향하는 길이 막혀버린 이런 경우, 우리가 리비도라 부르는 그 생물학적 에너지는 적절한 배출구를 찾지 못한 채 현실적이고 적절한 적응 양식을 비정상적이고 원초적인 적응 양식으로 대체시켜버린다.

신경증 사례를 다룰 때마다 우리는 유아적 태도나 유아적 환상과 욕망 지배에 대해 말한다. 그 유아기적 인상과 욕망들은 평범한 사람들에게 중요한 바로 그만큼 신경증 환자들에게도 중요하다. 하지만 그런 인상들은 병인학적 중요성을 띤 것이 아니다. 그 인상들은 이차적이고 퇴행적인 성격을 띤 일종의 반작용에 불과하다. 유아기적 환상이 신경증의 종류와 발달에 영향을 미친다는 프로이트의 언급은 분명 사실이지만, 그것은 병인학과는 거리가 멀다. 어린 시절에 존재한 것을 입증할 수 있는 성도착 환상을 찾아낸 경우라 하더라도, 거기에 병인학적 중요성을 부여해서는 안 된다. 신경증은 결코 유아기의 성적 환상에서 비롯된 것이 아니며, 성적인 특성을 띤 신경증적 환상에서 비롯된 것도 아니기 때문이다. 그런 환상들은 도착적인 성기질에 바탕을 둔 일차적 현상이 아니라, 저장된 리비도를 적절히 활용하지 못한 데서 비롯된 이차적 현상에 불과하다. 이것은 분명 매우 오래된 관점이지만, 그렇다고 해서 그것을 진실되지 못한 것으로 간주해서는 안 된다. 환자 스스로 유아기적 환상이 신경증의 원인이라고 믿는 경우가 많다고 해서 그의 견해가 옳게 되는 것도 아니고, 그와 같은 신념을 따르는 이론이 진실되는 것도 아니다. 하지만 겉으로만 보면 정말로 그런 것처럼 보일 수 있다. 나 역시 그런 외양을 드러낸 사례가 매우 많았다고 고백할 수밖에 없다. 그러고 보면 프로이트가 왜 이런 관점에 도달하게 되었는지 이해할 만도 하다. 정신분석을 경험해본 사람이라면 아마도 내 의견에 동의할 것이다.

요컨대 나로서는 유아 시절의 다양한 성 발달과 거기에 수반되는 환상들에서 신경증의 진정한 병인을 찾아내지 못하겠다. 신경증 사례들에서 그 환상들이 과장된 채 전면에 드러난다는 사실은 저장된 에너지 또는 리비도가 제대로 배출되지 못했다는 점을 드러내줄 뿐이다. 신경증의 심리적 괴로움과 신경증 증상 그 자체는 **실패하여 뒤틀려버린 일종의 적응 활동**으로 간주될 수 있다. 이런 설명은 신경증을 일종의 자기 치유의 노력으로 보는 자네와 프로이트의 관점하고도 일치한다. 이 관점은 지금까지 많은 질환에 적용되어왔고, 앞으로도 계속해서 적용될 수 있을 것이다.

　이제 우리는 "환자의 환상들을 분석을 통해 이끌어내는 것이 여전히 유효한가?"라고 질문을 던져봐야 할 것이다. 유아기적 환상에서 병인학적 가치를 박탈해버렸기 때문이다. 사실 지금까지 정신분석은 그런 환상들에 병인학적 중요성이 있다고 간주하면서 그 환상들을 해석해내는 것을 주된 과업으로 삼아왔다. 하지만 신경증을 바라보는 우리의 변형된 관점은 정신분석 과정에 아무런 영향도 미치지 않는다. 정신분석 기술은 그대로 보존된다. 다만 우리는 이제 더 이상 질병의 뿌리를 뽑아낸다고 상상하지 않는다. 우리가 성적 환상들을 이끌어내는 건 단지 환자의 적응과 건강을 위해 필요한 에너지가 그 환상들에 묶여 있기 때문이다. 정신분석의 수단들을 통해 우리는 의식과 무의식적 리비도 간의 관계를 회복시킨다. 그 무의식적 리비도를 의식의 손에 다시 돌려주는 것이다. 오직 이 방법을 통해서만 분리되어 있던 에너지를 다시 삶의 필수적 과업에 적용시킬 수 있게 된다. 이런 관점에서 고려해보면 정신분석이 더 이상 개인을 원시적 성욕에 휩쓸리게 하는 수단처럼 보이지 않을 것이다. 정신분석은, 제

대로 이해되기만 하면, **엄청난 교육적 가치를 지닌 고도로 윤리적인 과업**
이다.

심리 유형에 대한 기고[35]

히스테리와 조발성 치매의 증상이 극단적으로 대비되는 인상을 전해준다는 건 잘 알려진 사실이다. 이 대비는 외부 세계를 향한 환자들의 태도에서 특히 현저하게 나타난다. 히스테리 환자들의 과격한 반응은 정상적인 감흥의 강도를 훨씬 웃돌지만 조발성 치매 환자들의 반응은 결코 정상적인 범위에까지 이르지 못한다. 이 대조적인 질환들은 주변 환경에 대한 과장된 감흥과 극단적 냉담함이라는 상반된 그림을 제공한다. 이 차이는 환자들의 대인관계에서 특히 두드러지며 약간의 예외가 발생하는 건 오직 치료 상황뿐이다. 히스테리 환자들은 의사와 감정적 교감을 나눌 수 있지만 조발성 치매 환자들은 절대 그러지 못하기 때문이다.

---

35 1913년, 뮌헨 정신분석학회에서 행한 연설.

이 두 질병 유형 간의 대비는 이들 질환의 증상에서도 그대로 발견된다. 일단 지적인 측면에서 보면, 히스테리적 환상의 산물은 환자의 개인적 기억에 따라 매우 자연스럽고 인간적인 내용으로 채워지지만, 조발성 치매 환자들이 발명해낸 환상은 정상적 의식보다 꿈의 내용에 더 가까운 내용으로 구성된다. 조발성 치매 환자들은 명백한 고태적 경향성을 나타내는데, 그들의 환상에서는 원초적 상상에서 비롯된 신화적 창작물이 환자의 개인적 기억보다 훨씬 두드러지게 나타난다. 한편 신체적인 측면에서 보면, 조발성 치매 환자들은 히스테리에 일반적인 신체적 느낌을 조금도 느끼지 않지만 히스테리 환자들은 그런 신체적 증상을 매우 심하게 나타내 보인다.

이 모든 사실은 히스테리가 리비도[36]의 원심적 경향성을, 조발성 치매가 리비도의 구심적 경향성을 나타낸다는 사실을 명백히 드러내준다. 하지만 질환이 그 보상적 효과를 완전히 달성한 시점이 되면 일종의 역전이 일어난다. 일단, 히스테리의 경우에는 리비도가 확장 운동에 방해를 받아 내부로 퇴행해 들어가게 된다. 우리는 그런 상태에 놓인 개인들이 일상에 참여하기를 중단하고 자신들만의 환상에 빠진 채 침대에만 누워 있거나, 병실 바깥으로 나오려 하지 않는 경우를 볼 수 있다. 반면, 조발성 치매 환자들은 질병이 악화되는 동안

---

36 "에너지의 개념은 리비도의 개념과 매우 유사하다. 리비도는 '효과' 또는 '효과를 내는 능력'으로 정의될 수 있으며, 한 형태에서 다른 형태로 변화할 수 있다. 이 변화는 위험한 순간 한 기능이 다른 기능으로 대체되는 것처럼 갑작스럽게 일어날 수도 있고, 승화 과정에서 목격되는 것처럼 점진적으로 일어날 수도 있다. 승화시키는 리비도는 길고 험한 경로를 통해 다양한 형태들을 거치면서 다른 기능으로 변화된다." - 마리 몰처(Mary Moltzer)

에는 자기 자신에게만 몰두하기 위해 바깥세상에 등을 돌리지만, 병적인 보상의 시점이 되면 주변의 시선을 끌도록 강요받는다. 그들은 엉뚱하고 견딜 수 없는 행동을 하거나 공격적인 행동을 함으로써 주변 사람들의 주의를 자신에게로 돌려놓는다.

나는 이 두 가지 상반되는 리비도의 방향성에 각각 '외향성'과 '내향성'이란 용어를 부여할 것을 제안한다. 하지만 물론 환상이나 망상이 주체의 현실 지각을 흐려놓는 병적인 경우에는 '퇴행적'이란 표현을 추가해 넣어야 할 것이다. 나는 바깥의 객관적 세상에 근본적 흥미를 품은 채, 모든 중요성과 가치를 외부 대상에만 부여하는 사람들을 '외향형'이라고 표현할 것이고, 반대로 스스로 관심을 독점하기 위해 객관적 세상을 평가절하하고, 그 자신만을 가치 있는 고려 대상으로 삼는 사람들을 '내향형'이라고 표현할 것이다. 또한, 나는 자기 느낌의 주관적 가치나 환상들을 객관적 세계에 투사하는 히스테리 환자들의 '전이(transference)' 성향에 '퇴행적 외향성'이란 명칭을 부여할 것이고, 조발성 치매에서 발견되는 정반대 성격의 병적 성향—주체 자신을 환상적으로 변형시켜 고통을 가하는—에 '퇴행적 내향성'이란 명칭을 부여할 것이다.

이 두 가지 상반된 리비도의 방향성은 분명 한 개인의 내부에서 교대로 작용할 것이다. 결국 이 단순한 심리 기제들은 주체의 복리라는 동일 목적에 다른 방식으로 봉사하는 것뿐이기 때문이다. 프로이트는 히스테리 환자들이 스스로 받아들일 수 없는 기억이나 인상을 제거하기 위해, 즉 '억압'을 통해 고통스러운 콤플렉스에서 그 자신을 해방시키기 위해 전이 기제를 사용하는 것이라고 가르쳐주었다. 이와는 반대로, 내향성 기제를 사용하는 개인들은 자기 자신을 그 콤플렉스를 향해 집중시킴으로써 스스로를 외부 현실에서 고립시키는 경향이 있다. 사람들은 이 과정 역시 '억압'에 의해 진행된다고들 말하지만, 객관적 세계에 대한 '평가절하'라고 표현하는 편이 더 적절할 것이다.

히스테리와 조발성 치매처럼 성질이 완전히 상반되는 두 가지 정신적 경향성이 존재한다는 사실은(이 두 질병의 차이는 외향성이나 내향성의 우위에 거의 전적으로 의존한다), 이 두 종류의 심리 유형이 정상인에게서도 발견될 가능성이 있다는 점 ─두 종류의 경향성 중 어느 한쪽이 상대적으로 우세한 형태로─을 시사해준다. 정신과 의사들은 질병이 제대로 확인되기도 전에, 환자들이 이미 그 질병의 특징적 유형을 드러낸다는 사실을 잘 알고 있다. 그런 경향성의 흔적은 환자의 인생 초기부터 발견된다. 비네가 훌륭히 지적했듯, 신경증 환자들은 자기 인격의 특징적 경향성을 강조된 형태로 드러내는 것뿐이다. 우리는 히스테리적 성격이 히스테리 질환의 산물에 불과한 것이 아니라, 어느 정도 그 질환에 선행한다는 사실을 잘 알고 있다. 호그(August Hoch)는 자신이 치료한 조발성 치매 환자들의 인생사를 연구한 끝에, 조발성 치매 환자들도 유사한 일을 겪는다는 사실을 밝혀냈다. 이상한 행동이나 분리 성향을 발병하기 이전부터 찾아볼 수 있었던 것이다. 사정이 이렇다면 병리학 영역 외부에서도 이와 같은 심리적 기질의 대립을 찾아볼 수 있을 것이라고 기대해도 좋을 것이다.

게다가 문헌들 속에서 두 종류의 대립되는 정신 유형이 실재한다는 수많은 증거 사례를 어렵지 않게 찾아볼 수 있다. 나는 여기서 몇 가지 인상적인 사례들을 제시하고자 한다.

나는 이 주제와 관련된 최상의 사례를 윌리엄 제임스의 철학[37]에서 찾아볼 수 있다고 생각한다. 제임스는 철학자들이 자신의 철학을 통해 표현하고 정당화해야 한다고 느끼는 견해가 그 '전문 철학자'의 기질이 어느 쪽이든 간에 철학자 자신의 기질과 일맥상통한다는 이론을 전개한 바 있다. 그는 정신분석과 완전히 조화되는 이 이론을 토대로 철학자를 두 부류로 나누었다. 오직 내면생활과 정신적인 것에만 관심이 있는 '온화한 철학자(tender-minded)'와 물질적 대상 및 객관적 현실을 그 무엇보다도 강조하는 '강건한 철학자(tough-minded)'가 그들이다. 우리는 이 같은 분류가 리비도의 상반된 경향성을 그대로 반영한다는 점을 이해할 수 있다. '온화한 철학자들'은 내향성에, '강건한 철학자들'은 외향성에 각각 대응되는 것이다.

제임스는 온화한 철학자의 특징이 '합리주의'라고 말한다. 그들은 원리와 체계를 중시하는 사람들로 논리적 연역과 순수한 이론적 개념, 즉 추상적 추론으로 경험을 초월하고 지배하고 싶어 한다. 이 철학자들은 사실에는 별 신경을 쓰지 않으며, 현상의 다양성 앞에서 조금도 위축되지 않는다. 그들은 자신만의 이성적 틀 속에다 정보를 끼워 맞추려 하며, 모든 것을 **선험적**(a priori) 전제로 축소하는 경향이

---

37 James, *Pragmatism*, Chapter I; 윌리엄 제임스, 『실용주의』.

있다. 이것이 바로 헤겔(Hegel Georg Wilhelm Friedrich)이 행성들의 수를 미리 단정지을 때 사용한 방법이다. 정신병리학의 영역에서는 편집증 환자에게서 이런 철학자 유형을 찾아볼 수 있다. 편집증 환자들은 경험이 드러내주는 명백한 모순에도 아랑곳하지 않고 자신만의 망상적 개념을 전체 우주에다 강제로 강요하려 든다. 또한, 자신만의 병적 이론 체계와 조화되도록 모든 것으로 해석하고, 아들러의 말대로, '배열'하는 방법을 기어이 찾아내고야 만다.

제임스가 묘사한 이 유형의 다른 특성들은 이 근본적인 특성의 자연스러운 결과이다. 제임스에 의하면 온화한 철학자들은 지적이고, 관념적이고, 긍정적이며, 종교적이고, 독단적이고, 자유의지를 열렬히 지지하는 일원론자이다. 이 모든 특성은 그들의 리비도가 지적 생활을 향해 거의 완전히 집중되어 있다는 사실을 드러내준다. 생각이 지배하는 내면세계로의 이 같은 리비도 집중은 내향성의 전형적 특징이다. 이 철학자들에게 경험이 어떤 **역할**(role)을 한다 해도, 그 경험은 오직 추상적 개념을 지시하는 표지 역할밖에 담당하지 못하는데, 그것은 이들이 우주의 모든 혼돈을 잘 정돈된 틀―그들의 주관적 가치에 복종하는 정신의 창조물―에 끼워 맞추고자 하는 절실한 욕구에 내몰리기 때문이다.

반면, 강건한 철학자들은 실증적이고 경험적인 특성을 보여준다. 그들은 오직 사실만 중요시한다. 경험이 그들의 스승이고, 유일한 안내자이며, 영감의 원천 자체이다. 생각은 그저 외적 경험에 대한 반응에 불과하다. 이 철학자들의 눈에는 원리가 결코 사실만큼 중요해

보이지 않는다. 그들은 오직 현상들의 연쇄를 관찰하고 묘사할 뿐 체계를 세우지는 못한다. 따라서 그들의 이론은 압도적인 경험 자료의 축적 앞에서 모순을 노출하고 만다. 이 실증주의자들은 자신의 정신적 현실을 쾌락 및 고통의 경험과 관찰로만 국한시킨다. 그 이상 나아가려 하지 않고, 철학적 사색의 정당성을 인정하려 들지도 않는다. 무한히 변형되는 현상세계의 표면에 머무는 그들은 그와 같은 불안정성이 거의 몸에 배어 있다. 이 철학자들은 현상의 모든 측면을 관찰하고, 그것의 모든 이론적·실용적 가능성을 이해하지만, 온화한 철학자들이 추구하는 단일하고 안정된 체계에는 결코 도달하지 못한다. 이 실증주의자들은 모든 가치를 평가절하하면서, 그 가치를 그것 자체보다 낮은 요소들로 축소시켜버린다. 그들은 높은 것을 낮은 것으로 설명함으로써 그 높은 것의 지위를 끌어내리려 하고, 높은 것이 '무엇무엇에 불과하다'는 사실을 드러냄으로써 그 자체만으로는 아무것도 아니라는 사실을 보여주려 한다.

이런 일반적 특성들로부터 제임스가 지적한 다른 특성들이 논리적으로 귀결된다. 일단, 이 실증주의자들은 감각적 영역의 구체성을 초월적 영역에 대한 숙고보다 훨씬 높이 평가하는 관능주의자들이다. 또한 유물론자이고 염세주의자인데, 그것은 단순히 그들이 사물의 불확실한 경로를 너무나도 잘 알기 때문이다. 한편, 그들은 외적 사실들의 압력과 대비되는 내면세계의 실재성을 확신하지 못하는 비종교적 인물들이고, 단념밖에 모르는 결정론자이자 운명론자이며, 종합 능력이 결여된 다원론자이고, 마지막으로 이 모든 성질의 최종적인 결과로서 회의주의자이다.

이처럼 제임스가 사용한 표현은 유형 간의 차이가 리비도의 다른 방향성에서 비롯된다는 사실을 분명히 보여준다. 우리 존재의 심층에 있는 마술적 힘인 리비도가 개인의 인격을, 때로는 내면의 현실로, 때로는 객관적 세계로 인도해주는 것이다. 예컨대 제임스는 관념론자들의 주관주의적 종교관과 경험론자들의 유사종교적 태도를 다음과 같이 비교했다. "사실에 대한 우리의 존중심은 그 종교성을 완전히 박탈당하지 않았다. 우리의 존중심은 그자체로 종교적이다. 우리는 과학적으로 독실하다."[38]

두 번째 사례는 석학들과 천재들을 '고전적' 유형과 '낭만적' 유형으로 나눈 빌헬름 오스트발트[39]의 이론에서 찾아볼 수 있다. 이 중 낭만적 유형은 빠른 반응과 고도의 즉흥성, 제대로 소화되지 않았거나 그 가치가 의심스러운 이론을 풍부하게 생산해내는 능력 등이 특징이다. 그들은 탁월하고 재기 넘치는 스승으로 가르치기를 좋아하고, 전염성 있는 열정과 정열로 많은 학생을 끌어들이며, 엄청난 개인적 영향력을 행사해 한 학파의 창시자가 되기도 한다. 여기서 우리는 외향성 유형을 떠올릴 수 있을 것이다. 반면, 오스트발트가 말하는 고전적 유형은 반응이 느리고, 이론을 생산하는 과정에서 많은 어려움을 겪으며, 직접 개인적인 영향력을 행사하거나 가르치는 능력

---

38 James, *Pragmatism*, ch. i., p. 14; 윌리엄 제임스, 『실용주의』.

39 W. Ostwald, *Grosse Männer*, Leipzig, 1910 (11th Lecture, "Classics and Romanticists"). W. Ostwald, "A propos de la Biologie du Savant," Bibliothèque Universelle, Oct., 1910 참조.

이 부족하고, 스스로의 가혹한 자기비판에 의해 열정이 마비되어 있으며, 제자를 거의 두지 않고 홀로 떨어져 자신 속에 몰두한 채로 살아가는 경향이 있다. 하지만 이들은 고도의 완결성을 지닌 작품들을 생산해내므로 사후에 명성을 얻게 되는 경우가 많다. 이 모든 특성은 내향성에 해당된다.

보링거(Wilhelm Worringer)의 미학 이론에서도 매우 가치 있는 사례를 찾아볼 수 있다. 보링거는 '예술의지(Volonte d'art absolue)'라는 표현을 알로이스 리글(Alois Riegl)에게 빌려 예술가에게 영감을 주는 내적 힘을 정의한 뒤, 그 힘을 '공감형'과 '추상형' 두 유형으로 나누었다. 그가 사용한 이 용어들은 여기서도 리비도, 즉 **생의 약동**(elan vital)의 방향성이 문제시된다는 점을 보여준다. 보링거는 이렇게 말했다. "공감적 충동이 유기적 아름다움에서 만족을 얻어내는 것과 같이, 추상적 충동은 비유기적인 것이나 생명 없는 것, 결정화된 형태처럼 추상 법칙의 엄격성에 지배당하는 것들에서 아름다움을 찾아낸다." 공감형이 대상 속으로 침투하고 그것과 합일되기 위해 대상의 현존을 향해 뻗어나가는 열정의 뜨거움을 특성으로 보여주는 데 반해, 추상형은 대상에서 생명을 연상시키는 모든 것을 박탈한 뒤, 그 대상을 순수한 지적 사고와 결정화된 법칙의 보편적 형식을 통해 이해하고자 한다. 베르그송 역시 지적 추상의 본질을 묘사하기 위해 결정화, 경화 등의 이미지를 사용한 바 있다.

보링거의 '추상형'은 내가 이미 내향성의 결과라고 언급한 과정, 즉 외부 현실에 대한 평가절하 및 지성의 고양을 특성으로 한다. 그리고 '공감형'은 사실상 외향형과 거의 일치하는데, 이는 다음과 같은 립스(Theodor Lipps)의 언급을 보면 알 수 있다. "내가 하나의 대상 속에서 공감적으로 지각하는 것은 일반적 의미의 생명 자체이다. 생명은 힘이고 내적 노력이며 실행이다. 산다는 것은 한마디로 행동하는 것이고, 행동하는 것은 본질적으로 우리가 발휘하는 힘을 직접 경험하는 것이다. 이 경험이 본질적으로 즉흥적인 활동을 창조해낸다." 한편, 보링거는 "미적 향유란 '대상'에 투사된 자기 자신을 즐기는 것이다"라고 말한 바 있는데, 이와 같은 공식은 우리의 '전이' 개념과 완벽히 일치한다. 이 미학적 개념은 제임스가 말한 실증주의자들보다는 심리적 현실만을 가치 있고 흥미로운 것으로 간주하는 관념주의자들에게 더 가깝다. 보링거는 계속해서 이렇게 말한다. "본질적인 것은 작품이 나타내는 색조에 있는 것이 아니라, 우리의 느낌 그 자체 속에, 즉 우리 자신의 내적 움직임과 직접적 삶, 전개되는 활동 속에 있다. 따라서 선이나 형태의 가치는 우리 눈에 담긴 생물학적 가치에 의존한다. 아름다움을 낳는 것은, 결국 우리가 무의식적으로 작품 속에 투사해넣는 우리 자신의 생생한 느낌 자체인 것이다." 이 관점은 내향성과 외향성이란 심리적 대극 간의 진정한 균형을 도모한다는 점에서 리비도 이론을 이해하는 나의 방식과 완전히 일치한다.

공감형의 정반대편에 놓인 것이 추상형이다. 보링거는 추상화하고자 하는 충동이 "외부 세계의 현존 앞에서 인간의 영혼이 일으킨 엄청난 내적 갈등의 결과"로, "종교적 관점에서 보면, 현실로 받아들인 모든 표상을 넘어서고자 하는 강력한 초월적 욕구에 상응한다"고 한다. 우리는 이 정의 속에서 내향형의 특징적인 경향성을 분명히 인식해낼 수 있다. 내향형에게는 우주가 아름답고 매력적인 모습이 아닌, 불안하고 심지어는 위험하기까지 한 모습으로 나타난다. 따라서 내향형은 이 우주에서 자기 자신을 방어하려 든다. 그는 자기 자신을 내면에 확고히 고정시킨 채, 세부적인 부분까지 완벽히 조화롭고 명료한 기하학적 발명품들로 자신의 주위를 에워싸는데, 이 발명품들은 특유의 원시적 마력으로 주변 세계에 대한 지배권을 보장해준다.

보링거는 "추상을 향한 욕구야말로 모든 예술의 기원이다"라고 말한 바 있다. 이 위대한 원리는 조발성 치매 환자들이 생각과 그림 등을 통해 원시 인류의 것과 비슷한 형태와 모양을 재현해낸다는 사실에 의해 강력하게 뒷받침된다.

우리는 실러(Friedrich von Schiller)가 '천진한' 유형과 '감성적' 유형에 대해 묘사하면서 이미 같은 견해를 제시한 바 있다는 점을 기억해야 한다. 실러가 묘사한 '감성적' 유형은 자연에 대해 탐구하지만, '천진한' 유형은 그 자신이 '자연 그 자체'이다. 실러는 이 두 유형이 동일 인물 속에서 함께 발견될 수 있는 심리 기제 간의 우열 관계에 의해 결정된다는 점 또한 이해하고 있었다. 그는 이렇게 말했다. "이두 유형의 정신은 한 인물 속에서뿐만 아니라 한 작품 속에서도 함께 발견될 수 있다. …… '천진한' 시인은 단순히 자연 자체와 그 느낌만을 추구하면서, 모든 노력을 현실을 모방하고 재현해내는 일로 국한한다. 반면, '감성적' 시인은 대상에서 받아들인 인상에 대해 숙고한다. 이 경우 대상은 관념과 동맹을 맺게 되는데, 작품의 시적 위력은 바로 이 동맹에 의해 결정된다." 이 인용구는 실러가 마음속에 품고 있던 유형들과 우리가 지금까지 다뤄온 유형들이 서로 다른 것이 아니란 점을 인식할 수 있게 해준다.

우리는 아폴론과 디오니소스를 대비시킨 니체의 글 속에서 또 다른 사례를 찾아볼 수 있다. 이 대립을 묘사하기 위해 니체가 동원한 '꿈'과 '취함'의 비유는 매우 교훈적이다. 꿈에 빠진 개인은 그 자신 속에 갇혀버리지만, 반대로 술에 취한 개인은 자기 자신을 완전히 잊고 자의식에서 풀려나 객관적 세계의 다양성 속으로 몸을 던지게 된다. 니체는 아폴론을 묘사하기 위해 다음과 같은 쇼펜하우어의 말을 인용한다. "쏟아내고 집어삼키기를 거듭하는 무질서한 바다 위에서, 거품이 이는 파도의 산마루에 에워싸인 뱃사람이, 자신의 작은 배를 완전히 신뢰하며 갑판 위에 고요히 앉아 있듯, 그렇게 인간은 곤경으로 가득한 세계 속에서 '개성화(individuation)'의 원리를 완전히 믿고 의지하면서 수동적으로 고요히 살아간다." 니체는 계속해서 말한다. "그렇다. 우리는 이 원리에 대한 흔들림 없는 신뢰와 그 원리에서 영감을 받은 자들의 고요한 확신이 아폴론이란 형상 속에서 가장 숭고하게 구현되었다고 말할 수 있을 것이다. 우리는 한 개인을 완성시키는 이 원리의 가장 찬란하고 신성한 현현체(顯現體)를 아폴론에게서 발견하게 된다." 니체가 생각하는 아폴론적 상태는 자기 자신으로의 관심 철회, 즉 내향성의 결과라 할 수 있다. 반면, 니체가 말하는 디오니소스적 상태는, 외부 대상을 향한 리비도의 격류가 풀려났음을 시

사하는 일종의 심리적 도취 상태이다. 니체는 이렇게 말한다. "이것
은 디오니소스적 황홀경 속에서 새로워짐을 느끼는 인간들 간의 연
합에 불과한 것이 아니다. 그것은 자신의 방탕한 자식인 인간과 합일
된 것을 축하하는 소외된—적대적이거나 노예 상태인—자연이기
도 하다. 대지는 스스로 자신의 선물을 내어주고, 바위산과 사막에서
온 야수들은 평화롭게 모여든다. 디오니소스의 마차는 꽃과 화환으
로 뒤덮여 있고, 표범과 사자들은 멍에를 진 채 접근해온다."

우리가 베토벤의 〈환희의 송가〉를 그림으로 바꾼 뒤 상상력에 고
삐를 넘겨 땅 위에 쓰러진 채 전율하는 수백만의 존재를 떠올리도
록 한다면, 디오니소스적 도취 상태란 게 어떤 것인지 실감할 수 있
게 될 것이다. 그 순간 노예들은 해방될 것이고, 임의적이거나 무례
한 관습이 사람들 사이에 세워놓았던 견고하고 적대적인 장벽은 무
너져내릴 것이다. 이 우주적 조화의 복음 앞에서는 모든 존재가 자신
의 이웃과 재합일되고 융화될 뿐만 아니라, 자기 자신과도 완전히 일
치하게 될 것이다. 마치 "마야의 베일이 찢겨나가 근원적 합일의 신
비 속에 환영의 파편들만 떠다니는"[40] 상태처럼. 이런 인용구에다 설
명을 덧붙이는 건 쓸데없는 일일 것이다.

내 전문 영역 밖에서 끌어모은 일련의 사례를 종결지으며, 나는
마지막으로 핑크(Franz Nikolaus Finck)의 언어학적 가설을 인용해보고
자 한다. 여기서도 우리가 다뤄온 두 유형을 찾아볼 수 있을 것이다.

---

40 Nietzsche, *The Birth of Tragedy*; 니체, 『비극의 탄생』.

핑크에 의하면, 언어의 구조는 두 가지 기본 유형으로 구성되어 있다고 한다. "나는 그를 본다(I see him)", "나는 그를 굴복시킨다(I strike him down)"처럼 주체가 활동적인 역할을 맡는 유형이 있는가 하면, "그가 나에게 나타난다(He appears to me)", "그가 나에게 굴복한다(He succumbs to me)"처럼 객체에 활동적인 역할이 부여되는 유형도 있다는 것이다. 그런데 이 중 첫 번째 유형은 주체에서의 리비도 표출, 즉 원심형 운동을 나타내고, 두 번째 유형은 객체에서의 리비도 표출, 즉 구심형 운동을 분명히 나타내준다. 후자에 속하는 내향형 표현은 에스키모들의 원시 언어에서 특히 두드러진다.

심리 치료 영역에서는 그로스(Otto Gross)가 이 두 유형에 대해 묘사한 바 있다. 그는 의식의 분산 및 표면화를 특징으로 하는 정신쇠약 유형과, 의식의 집중 및 심화를 특징으로 하는 정신쇠약 유형을 구분해냈다. 첫 번째 유형은 연속적 주의 기능의 약화가 특징이고, 두 번째 유형은 과도한 집중을 특징으로 보여준다. 그로스는 연속적 주의 기능이 정서적 감흥과 긴밀히 연관되어 있다는 점을 밝혀냈는데, 이는 그가 여기서 다루는 것이 두 종류의 심리 유형이란 점을 다시 한 번 확인시켜준다. 즉 그로스가 우울증과 의식의 분산 사이에 세운 관계는 첫 번째 유형이 외향형에 해당된다는 사실을 보여주고, 편집증과 고도로 억제된 정신 사이에 세운 관계는 두 번째 유형이 바로 내향형이라는 점을 나타낸다.

관련 사례들을 충분히 검토한 지금, 이 두 가지 심리 유형이 정신 분석의 영역에서도 발견된다는 사실에 놀랄 사람은 없을 것이다.

한편, 우리는 본질상 환원적이고, 다원적이며, 인과적이고, 관능적인 하나의 이론과 마주하게 된다. 프로이트의 이론이 그것이다. 이 이론은 경험적 사실에 완고하게 집착하면서, 콤플렉스의 원인을 과거 경험과 그 구성 요소로까지 추적해 들어간다. 이 이론은 심리적 삶을 하나의 효과에 불과한 것으로, 환경에 대한 반응에 불과한 것으로 간주한 뒤, 중심적이고 주된 **역할**(role)을 감각 자체에 부여한다. 다른 한편에서 우리는 완전히 철학적이고 합목적적인 아들러의 이론과 마주하게 된다. 프로이트의 이론과 정반대되는 이 이론은 특정한 현상을 과거 경험과 요소들로 축소하는 대신, 고도로 복잡한 목적과 의도의 산물, 즉 '배열'로 간주한다. 연구 과정을 지배하는 것은 인과론적 관점이 아닌 합목적론적 관점이며, 따라서 환자의 과거사와 환경의 영향력 등은 환자 개인을 지배하는 원리인 '서사(fictions directrices)'보다 훨씬 덜 중요시된다. 이 관점에서 보면 환자에게 필수적인 것은 대상에 몰두하면서 그 속에서 주관적 향락을 이끌어내는 것이 아니라, 적대적인 환경의 영향력에 맞서 그 자신의 개인성을 보호하고 유지하는 것이다.

프로이트의 심리학이 객관적 세계 속에서 행복과 만족을 얻어내고자 하는 원심적 경향성을 특성으로 한다면, 아들러의 심리학은 존재의 압도적 힘에 맞서 개인의 주권과 자유, 승리를 옹호하는 구심적 경향성을 주된 특징으로 한다. 프로이트가 묘사한 환자들이 의지하는 방법은 '유아적 전이(infantile transference)'인데, 이 환자들은 전이라는 이 수단을 통해 유아기의 환상을 대상에 투사한 뒤, 삶의 어려움에 대한 보상을 그 환상 속에서 찾고자 한다. 반면, 아들러가 묘사한 환자들은 '남성 항거(virile protest)'라는 태도를 특징으로 한다. 이 개인적 저항 양식은 환자 자신의 지배적 관념으로 주변을 단단히 에워쌈으로써, 그 자신을 효과적으로 보호할 수 있도록 해준다.

이 두 유형에 동등한 관심을 기울이도록 심리학을 체계화하는 어려운 과업은 훗날로 미뤄야겠다.

꿈의 심리학[41]

꿈이라는 심리적 구조물은 얼핏 보면 의식적 사고와 완전히 반대되는 것처럼 보인다. 형태와 내용 면에서 의식의 정상적인 발달 선상에 놓여 있다고 보기 힘들기 때문이다. 사실 꿈은 의식의 필수 요소가 아닌, 외적이고 우연적인 부수 현상에 불과하다. 꿈의 형성 방식 그 자체만으로도 꿈을 의식의 다른 내용물들과 분리하기에 충분하다. 꿈은 잠자는 동안 일어난 정신 활동의 잔재로 경험된 사건의 논리적, 정서적 연속성과 무관하기 때문이다.

하지만 주의 깊은 관찰자라면 꿈이 의식의 연속성과 완전히 단절된 것은 아니라는 사실을 별 어려움 없이 확인할 수 있을 것이다. 전날의 사고나 인상, 마음 상태 등에 기원을 둔 세부 사항들이 거의 모

---

41 1914년, 베른 의학학회에서 발표하기 위해 준비한 원고. 전쟁 발발로 학회는 연기되었다.

든 꿈속에서 발견되기 때문이다. 비록 **퇴행적**인 것이라 할지라도, 어떤 연속성은 분명 존재한다. 하지만 꿈에 흥미를 품은 사람이라면 꿈이, 이런 표현이 허용된다면 **미래지향적** 연속성 또한 지닌다는 점을 간과하지 않을 것이다. 꿈은 가끔씩 의식적 정신생활—미신적이거나 비정상적인 것으로 간주될 수 없는 사람들에게조차—에 엄청난 영향력을 행사하기 때문이다. 가끔씩 발생하는 이 사후 효과는 꿈꾸는 자의 가치관에 상당한 변화를 일으키곤 한다.

수집된 꿈들이 그토록 불안정해 보이는 건, 아마도 꿈이 이처럼 다른 의식 내용들과 느슨하게 연관되어 있기 때문일 것이다. 재현해내려는 노력을 완전히 좌절시키는 꿈은 수없이 많으며(깨어난 직후에 조차), 어떤 꿈들은 오직 매우 부정확한 형태로만 의식에 떠오른다. 명료하고 확실하게 재현해낼 수 있는 꿈들이 몇밖에 안 되는 것이다. 꿈의 기억과 연관된 이 독특한 어려움은 꿈속에 포함된 다양한 요소의 특성을 고려함으로써만 이해될 수 있을 것이다. 꿈속에 나타나는 관념들의 결합은 본질적으로 **환상적**이다. 꿈속의 관념들은 대부분 우리의 일상적 사고방식과 완전히 다른 순서로 결합되며, 의식적 정신 과정의 특징으로 간주되는 관념들의 논리적 순서를 완전히 무시한다.

꿈에 '무의미한'이라는 형용사가 붙어다니는 건, 바로 이 같은 특성 때문이다. 하지만 우리는 이런 평결을 내리기 전에, 꿈속의 관념들이 **우리가 이해하지 못하는** 방식으로 결합되어 있는 것은 아닌지 숙고해봐야 한다. 아마도 꿈이 무의미하다는 판결은 대상에 대한 몰이해를 그 대상에 투사한 것에 불과할 것이다. 하지만 우리가 이해하지 못한다고 해서 꿈에 담긴 고유한 의미가 사라져버리는 것은 결코 아니다.

꿈에서 예언적 의미를 이끌어내려는 시도가 수세기에 걸쳐 이어져오긴 했지만, 꿈의 진정한 중요성을 제대로 발견해낸 건 사실상 프로이트가 처음이었다. 그의 작업은 실로 '과학적'이라고 불릴 만한 것이었다. 그 자신은 물론 다른 연구자들도 활용할 수 있는 하나의 꿈 해석 기술을 발달시켰기 때문이다. 이렇게 해석된 꿈의 의미는 겉으로 드러난 꿈의 내용이 지시하는 것처럼 보이는 것과는 완전히 다른 무엇이었다.

물론 여기서 프로이트의 꿈 심리학을 비판적으로 검토하려는 것은 아니다. 하지만 나는 꿈 심리학에서 현재 사실로 간주되는 내용을 간단히 요약해서 제시해볼 생각이다.

우리는 무엇보다 먼저 '무슨 근거로 겉으로 드러난 불만족스럽고 파편적인 내용 이외의 의미를 꿈에 부여하는가?'라는 의문에 답해야 한다.

이 점과 관련해 특히 무게 있는 논거는 프로이트가 꿈의 숨겨진 의미를 **연역적** 방법이 아닌 **경험적** 방법을 통해 발견해냈다는 사실이다. 꿈의 표면적 의미 배후에 숨겨진 의미가 있다는 추가적 논거는, 동일한 한 개인의 꿈 환상을 다른 환상들(백일몽 등)과 비교함으로써 획득되었다. 그런 낮 동안의 환상이 피상적 의미뿐만 아니라 더 깊은 심리학적 의미 또한 지닌다는 사실을 이해하는 건 그리 어려운 일이 아니다. 내가 이 점에 대한 증거 자료를 당장 제시하지 못하는 건 순전히 지면의 제약 때문이다. 하지만 나는 환상들의 의미라 부를 수 있는 것이 이솝 우화처럼 오래되고 보편적인 이야기 속에 훌륭하게 예시되어 있다는 점을 지적하고 싶다. 이런 이야기에는, 예컨대 사자와 당나귀의 행동에 대한 현실성 없는 환상이 담겨 있다. 겉으로 드러난 우화의 피상적 의미는 분명 비현실적인 공상에 불과하다. 하지만 조금만 숙고해보면 그 안에 숨겨진 도덕적 함의가 명백해진다. 아이들은 특히 이야기의 이런 숨겨진 의미에 기뻐하고 만족해한다. 그렇지만 꿈에 숨겨진 의미가 있다는 사실을 스스로 확신하려면, 겉으로 드러난 꿈의 의미를 해석하는 기술을 직접 적용해볼 필요가 있을 것이다.

이는 우리를 해석의 절차라는 두 번째 요점으로 인도해준다. 여기서도 나는 프로이트의 관점과 발견들을 옹호하거나 비판하기보다는 내게 확고한 사실로 보이는 것을 단순히 설명만 할 생각이다.

일단 꿈이 심리적 구조물이란 사실은 다른 심리적 구조물에 적용되는 법칙이나 방식이 꿈에도 적용될 것이라고 가정할 수 있게 해준다. **"해석을 위한 원리가 필요 이상으로 많아져서는 안 된다"**라는 격언에 따라 우리는 경험이 더 나은 방법을 알려줄 때까지 꿈을 다른 심리적 구조물과 같은 방식으로 취급해야 한다.

우선 우리는 모든 정신적 구조물이 선행하는 심리적 내용의 결과라는 인과론적 관점에 익숙하다. 또한, 모든 심리적 구조물이 실제적 심리 과정 내에서 고유한 의미와 목적을 지닌다는 합목적론적 관점에 대해서도 잘 안다. 이런 기본 사항은 꿈에도 그대로 적용되어야 한다. 따라서 꿈에 대한 심리적 설명을 시도할 때, 우리는 먼저 꿈과 연결되어 있는 일상적 경험이 무엇인지부터 알아내야 한다. 꿈 그림에 포함된 모든 요소의 기원을 추적해야만 하는 것이다. 예컨대 누군가가 **"거리를 걷고 있는데 한 아이가 내 앞으로 달려나가다 차에 치인"** 꿈을 꾸었다면, 우리는 꿈을 꾼 사람의 회상의 도움을 받아 이 꿈 그림이 어디서 비롯된 것인지 밝혀내야 한다.

꿈을 꾼 환자는 꿈속의 그 거리를 전날 걸은 거리로 인식했다. 꿈속의 아이는 전날 저녁 형을 방문했을 때 본 조카였고, 자동차 사고는 며칠 전 신문에서 읽은 실제 사고를 연상시켰다. 사람들은 흔히 이런 설명에 만족하면서 "그래서 내가 그런 꿈을 꾸게 된 것이군!" 이라고 말하곤 한다.

하지만 과학적 관점에서 보면 이런 설명은 조금도 만족스러운 것이 못 된다. 꿈을 꾼 사람은 전날 많은 거리 위를 걸었는데, 왜 하필 그 특정한 거리가 선택된 것일까? 신문에서 여러 사건에 대해 읽었는데, 왜 하필 그 기사가 선택된 것일까? 이와 같은 설명은 이런 질문에 답해주지 못하며, 따라서 연관된 일상 경험을 밝혀내는 것만으로는 결코 충분치 못하다. 꿈을 구성하는 요소는 다양한 결정 인자 간의 경쟁을 통해서만 확정되기 때문이다. 추가적인 자료를 수집하는 일은 **연상 기법**(Association Method)이라 불리는 회상법에 따라 진행된다. 이 기법은 쉽게 예상할 수 있듯 온갖 이질적인 자료들을 의식에 떠오르게 만드는데, 이 자료들은 꿈의 내용과 연상적으로 연관되어 있다는 사실만 제외하면 서로 아무런 공통점도 지니고 있지 않다.

그런 자료를 수집하는 일이 어느 정도까지 진행되어야 하는지 결정하는 일은 기술적으로 중요한 문제이다. 그런데 한 인간의 심리적 내용물 전체는 어느 시점에서 연상을 시작하든 다 밝혀질 수 있으므로, 이론적으로 말하자면 모든 꿈에서 꿈꾸기 전의 일상 경험 전체를 다 발견해낼 수 있다고 해야 할 것이다. 하지만 우리는 꿈의 의미를 이해하기 위해 반드시 필요한 정도의 자료만 모아들이면 된다. 자료의 범위를 한정짓는 일은 "이해란 우리의 목적을 위해 필요한 정도만큼만 인식하는 것이다"라는 칸트(Immanuel Kant)의 원칙에 따라 임의적으로 진행되어나간다. 예를 들어, 프랑스혁명의 원인을 조사하는 작업에 착수할 때, 우리는 자료를 수집하는 과정에서 중세 프랑스의 역사뿐 아니라 그리스와 로마의 역사도 포함시킬 수 있을 것이다. 하지만 그런 일은 "우리의 목적을 위해 필요한" 정도를 분명 넘어선다. 훨씬 한정된 자료만으로도 혁명의 역사적 기원을 충분히 이해할 수 있기 때문이다.

방금 언급한 임의적 제한 과정만 제외하면, 자료 수집 과정에서 연구자의 결정권이 개입할 여지는 더 이상 없다. 이렇게 모아진 자료는 이제 역사적, 과학적 자료의 조사에 적용되는 원칙에 따라 분류되고 검토되어야 한다. 이 방법은 자동적으로 적용될 수 없는 본질적으로 상대적인 과정으로 연구자의 기술과 목표에 크게 의존한다.

심리적 사실을 검토할 때는 심리적 정보에 두 종류의 관점, 즉 인과론적(causality) 관점과 합목적론적(finality) 관점을 적용할 필요가 있다는 사실을 기억해야만 한다. 나는 '목적론(teleology)'이란 개념과의 혼동을 피하기 위해 의도적으로 합목적론이란 용어를 사용하고 있다. 여기서 말하는 합목적론이란 '주관적인 심리학적 목적론'만을 지칭하는 개념이다. 아무튼 우리가 꿈과 연관된 자료에 인과론적 관점을 적용할 때는 겉으로 드러난 꿈의 내용을 어떤 근원적 경향성이나 개념으로 환원하게 될 것이다. 이 경향성이나 개념은 쉽게 예상할 수 있듯 기본적이고 보편적인 성격을 보여준다.

예를 들어, 한 젊은 환자는 다음과 같은 꿈을 꾸었다. **"나는 기묘한 정원에 있는 어떤 나무에서 사과를 딴다. 나는 아무도 못 보았다는 사실을 확인하기 위해 조심스럽게 주위를 둘러본다."**

꿈과 관련된 연상 자료는 소년 시절 다른 사람의 정원에서 배 몇 개를 몰래 따먹은 것과 관련된 기억 내용이었다.

환자는 꿈의 주된 특징인 양심의 가책을 통해 전날 경험한 일을 떠올렸다. 그는 거리에서 한 젊은 숙녀—그냥 알고 지내는 여인—를 만나 몇 마디 대화를 나누고 있었다. 그런데 그때 자기가 아는 한 신사가 지나가는 것을 보고는 갑자기 이해할 수 없는 당혹감에 사로잡히게 되었다. 마치 무슨 잘못이라도 한 것만 같았다. 이와 관련해 환자는 천상의 낙원에서 열매를 따먹는 성서의 한 장면을 떠올렸고, 또한 금지된 열매를 먹는 일이 왜 우리 선조에게 그토록 끔찍한 결과를 초래한 건지 도무지 이해할 수 없다는 이야기도 함께 털어놓았다. 이 신화는 항상 그를 화나게 만들었다. 인간을 호기심 많고 탐욕스러운 존재로 만든 것은 신 자신이므로 잘못은 도리어 신에 있다는 것이 그의 생각이었다.

또 다른 연상 자료는 어린 시절 아버지가 가끔씩 자신에게 이해할 수 없는 처벌을 내리곤 했다는 기억이었다. 여자 아이들이 목욕하는 모습을 훔쳐본 뒤 받은 처벌이 그중 최악이었다.

이 연상은 최근 한 가정부와 연애를 시작했다는 고백으로 이어졌다. 하지만 아직 연애가 진행된 상태는 아니었다. 꿈을 꾸기 전날 그는 가정부와 **만나기로 약속을 잡아놓은** 상태였다.

지금까지 연상 자료들을 검토한 결과, 우리는 꿈이 이 마지막 사실과 매우 긴밀히 연관된 내용을 포함하고 있다는 사실을 깨닫게 되었다. 연관된 연상 자료들은 열매를 따는 행위가 성애적 장면을 암시한다는 점을 명백히 보여준다. 전날의 이 경험이 꿈속에서 영향력을 행사하고 있다는 사실을 뒷받침해주는 근거는 이것 말고도 많다. 현실에서는 아직 따지 못한 그 열매를 꿈속에서는 딴 것이다. 꿈과 관련된 연상의 나머지 부분은 전날의 또 다른 경험, 즉 **양심의 가책**이라는 이해할 수 없는 느낌과 연관되어 있다. 이미 말했듯, 환자는 아는 여성과 거리에서 대화하다가 이 양심의 가책에 사로잡힌 바 있는데, 이 경험은 낙원에서의 추방이란 신화와 연관되어 있고, 아버지에게 심한 질책을 받은 어린 시절의 성적 비행과도 연관되어 있다. 이 모든 연상 자료는 **죄책감**이란 관념에 의해 하나로 엮인다.

우리는 먼저 이 자료를 프로이트의 인과론적 관점에서 고려해볼 생각이다. 즉 그것을 프로이트의 표현대로 '해석'해볼 생각이다. 일단 꿈꾸기 전날 일어난 하나의 소망이 충족되지 못한 채로 남겨져 있었다. 이 욕망은 꿈속에 나타난 **상징적인** 사과 장면을 통해 해소된다. 그렇다면 이와 같은 소망 충족이 성적인 생각으로 뚜렷이 표현되지 않고, 상징적 심상 속에 은폐된 형태로 나타난 이유는 무엇일까? 아마도 프로이트라면 꿈 자료에 나타난 이 명백한 죄책감을 원인으로 지목하며 이렇게 말할 것이다. "어린 시절부터 환자에게 주입되어 온 도덕관이 그 자연스러운 욕망을 비도덕적인 것으로 낙인찍어 억압했기 때문이다." 프로이트에 의하면, 이렇게 억압된 비도덕적 소망은 오직 **상징**이란 수단을 통해서만 표현될 수 있다. 그런 소망은 의식적 자아의 도덕관과 양립할 수 없기 때문에 프로이트가 **검열**이라 부른 심리 과정에 의해 본모습 그대로 의식에 진입하는 것을 차단당한다.

이 같은 프로이트의 관점과 대립되는 것이 바로 합목적론적 관점이다. 하지만 이 합목적론적 관점에서 꿈을 해석한다고 해서 꿈의 원인까지 부정해야 하는 것은 아니다(나는 이 점을 명백히 하고 싶다). 이 두 번째 관점은 단지 꿈 주변에 모아진 연상 자료들을 다소 다른 방식으로 해석해낼 뿐이다. 꿈과 연관된 자료들은 그대로 보존되며, 변하는 것은 오직 그 자료에 대한 평가 기준뿐이다. 여기서 한 가지 질문이 제기된다. "이 꿈의 목적이 무엇인가? 꿈이 지시하는 바는 무엇인가?" 이런 질문들은 임의적인 것이 아니다. 모든 심리적 활동에 적용될 수 있는 질문이기 때문이다. '왜'와 '무슨 목적으로'라는 질문은 어디서든 제기될 수 있다.

꿈에 의해 전날의 성애적 경험에 추가된 자료가 성적 행위와 죄책감의 연관성을 특별히 강조한다는 건 명백한 사실이다. 그런데 이와 똑같은 연상 과정이 이미 전날의 또 다른 상황에서도 일어났다. 즉 우리 환자는 알고 지내는 숙녀와 이야기할 때, 마치 무슨 잘못이라도 범하고 있는 것처럼 설명할 수 없는 양심의 가책에 휩싸인 바 있다. 이 경험은 꿈속에서도 일정한 역할을 담당했으며, 추가적인 연상 자료에 힘입어 강화된 형태로 나타났다. 꿈꾸기 전날의 성애적 경험이 심한 처벌을 초래한 타락의 신화를 통해 묘사된 것이다.

나는 이 환자의 마음속에 **자신의 성애적 경험을 죄악으로 규정하려는 무의식적 경향성**이 존재한다고 생각한다. 인류의 타락이라는 연상 내용이 나타난 것은 매우 중요한 특징인데, 왜냐하면 이 젊은 환자는 열매를 따먹은 것에 대한 처벌이 왜 그토록 극단적이어야 했는지 도저히 이해할 수 없었던 인물이기 때문이다. 이 연상 내용은 왜 환자가 단순히 "나는 그릇된 일을 하고 있어"라고 생각하지 않았는지 그 이유를 설명해준다. 환자는 분명 그 자신이 자기 자신의 행동을 도덕적으로 비난할 수도 있다는 사실을 **알지 못하고** 있었다. 이는 실제로도 그러했다. 그는 같은 생활 태도를 지니고 있던 그의 친구들처럼, 자신의 행동이 도덕적으로 조금도 문제가 안 된다는 의식적 신념을 지니고 있었다. 게다가 그는 다른 이유들로 인해 그런 행동이 왜 그렇게 문제시되는지 이해할 능력도 지니고 있지 못했다.

이 꿈이 의미로 가득한 꿈인지 아무 의미도 없는 꿈인지 판단하는 건 매우 중요한 문제이다. 그 과업은 우리 선조에 의해 수세기 동안 전해져 내려온 도덕적 관점이 의미가 있는 것인지 없는 것인지 판단하는 일과도 같다. 하지만 나는 이 문제와 관련된 철학적 논쟁 속으로 말려들고 싶지 않다. 단순히 인류가 그런 도덕률을 고안한 강력한 이유가 분명 있을 것이란 점만 말해두려 한다. 그렇지 않다면 인간의 가장 강한 욕망에다 그런 식의 제약을 가한 이유를 이해할 수 없게 될 것이다. 하지만 이 사실에 정당한 가치를 부여하기만 한다면, 우리는 이 꿈이 의미로 가득 차 있다는 점을 인정할 수밖에 없게 될 것이다. 이 꿈은 젊은 환자에게 도덕적 관점에서 그 자신의 성애적 행동을 대담하게 직면할 필요가 있다는 사실을 드러내주기 때문이다. 원시 인류는 성과 관련된 문제에 극도로 엄격한 규제를 가한 바 있다. 이 사실은 성 도덕이 영혼의 고차원적 기능들 속에서 무시되어도 좋은 문제가 아니란 점을 입증해준다. 그것은 충분히 숙고해볼 가치가 있는 문제이다. 하지만 우리 젊은 환자는 친구들의 영향을 받아 성애적 충동에만 이끌리도록 자기 자신을 다소 생각 없이 방치했고, 인간이—자발적이든, 비자발적이든 스스로 창조한 도덕률에 순종해야 하는—도덕적 책임을 지닌 존재란 사실까지 망각해버렸다.

이 꿈에서 우리는 무의식의 보상적 기능, 즉 **의식적 삶에서 지나치게 인식되지 않는 인격의 경향성과 사고들이, 의식 과정이 거의 차단된 수면 상태에서 갑작스럽게 활동을 개시하는 현상**을 식별해낼 수 있다.

꿈꾸는 자가 꿈을 이해하지 못한다면 이런 기능이 무슨 소용이냐고 질문하고 싶을지도 모르겠다.

이렇게 묻는다면 나는 이해가 반드시 지적 과정일 필요는 없다고 답할 것이다. 경험이 증명해주듯 인간은 지적으로 이해하지 못하는 수많은 현상에 의해 영향을 받을 수 있고, 심지어는 매우 근본적인 변화를 일으킬 수도 있기 때문이다. 여기서는 단순히 종교적 상징들의 효용성을 상기하는 것만으로도 충분할 것이다.

앞서 든 사례는 꿈의 기능이 명백히 '도덕적'인 것이라는 인상을 주었을 것이다. 이 사례만 보면 분명히 그렇게 보인다. 하지만 꿈이 특정 순간의 잠재의식적 자료를 그 내용으로 한다는 점을 떠올려보면 꿈의 기능이 '도덕적'이라고만 말할 수는 없게 될 것이다. 도덕적으로 완전무결해 보이는 사람들의 꿈이 '비도덕적' 특성을 띠는 자료들을 보여준다는 사실은 특히 주목할 만한 가치가 있다. 성 아우구스티누스(St. Augustine) 역시 "신께서 꿈의 내용을 문제 삼지 않으신다"고 기뻐한 바 있다. 무의식은 특정 순간의 그림자이다. 따라서 완전히 전체적인 관점에 필수적인 모든 측면이 꿈이란 수단을 통해 의식적 심리 요소에 첨부된다고 해도 놀라서는 안 될 것이다. 꿈의 이런 기능이 적절히 균형 잡힌 행동을 위해 필수적인 일종의 보상 작용, 즉 심리적 조절 작용을 특징으로 한다는 건 명백한 사실이다. 숙고라는 의식적 태도를 취할 때, 우리는 올바른 해답을 찾아내기 위해 문제의 가능한 모든 측면과 그 결과들을 인식해내려 노력한다. 그런데 이 과정은 수면이라는 다소 무의식적 상태에서도 계속된다. 낮 동안 평가절하되거나 완전히 무시당한 다른 측면들, 즉 상대적으로 무의식적이던 모든 측면이 꿈꾸는 자의 눈앞에 —적어도 암시의 형태로— 모습을 드러내는 것이다.

꿈의 **상징성**이라는 자주 다뤄진 문제에 대해 말하자면 꿈속의 상징에 부여되는 가치는 인과론적 관점을 취하느냐 합목적론적 관점을 취하느냐에 따라 크게 달라진다. 프로이트의 인과론적 관점에 의하면, 꿈속의 상징은 **갈망**(craving)을 토대로, 즉 억압된 꿈 소망을 토대로 형성된다. 이 갈망은 언제나 다소 단순하고 원초적인 형태를 띠고 있으며, 그 자신을 다양한 형상으로 위장시킬 수 있다. 예를 들어, 앞 사례에서 묘사한 환자는 실제로 꾼 꿈 대신 열쇠로 문을 열거나, 비행기로 여행을 하거나, 어머니에게 입맞춤을 하는 등의 꿈을 꿀 수도 있었을 것이다. 이 관점에서 보면, 이 모든 꿈은 완전히 같은 의미를 나타낸다. 이런 식으로 프로이트 학파의 전형적 지지자들은—가장 투박한 예를 들자면—꿈속에 나타난 거의 모든 긴 사물을 남근의 상징으로 해석하는 데까지 나아갔다.

반면, 합목적론적 관점에서 보면, 다양한 꿈의 심상이 각각 자기만의 고유한 가치를 지니고 있다. 예컨대 바로 앞에서 만난 환자가 사과를 따먹는 꿈을 꾸는 대신 열쇠로 문을 여는 꿈을 꾸었다면, 이 변형된 꿈의 심상은 본질적으로 다른 연상 자료들을 생산해냈을 것이고, 이 연상 자료들은 사과 장면에서 연상된 것과 완전히 다른 내용으로 의식적 상황을 보충했을 것이다. 이 관점에서 보면 의미로 가득한 것은 고정불변의 중요한 상징이 아닌, 꿈속 표현 양식의 다양성 자체이다. 인과론적 관점은 그 본성상 의미의 단일성, 즉 중요하고 단일한 상징을 추구하는 경향이 있다. 반면, 합목적론적 관점은 변형된 꿈의 심상에서 변형된 심리학적 상황을 읽어내려 한다. 이 관점은 고정된 의미를 지닌 상징을 확립하려 들지 않는다. 이 관점에서 보면 꿈속의 모든 심상은 그 자체로 중요하며, 각각의 심상이 그 자신만의 고유한 의미를 지니고 있다. 그렇지 않았다면 그 심상은 아예 꿈에 포함되지도 않았을 것이다. 합목적론적 관점에서 앞 사례를 다시 검토해본다면, 꿈속의 상징이 우화와 거의 같은 기능을 한다는 점을 알아챌 수 있을 것이다. 그 상징은 은폐하기보다는 가르친다. 즉 그 사과 장면은 신화 속의 한 장면으로 위장한 채, 죄책감을 생생하게 환기한다.

채택한 관점에 따라 꿈의 의미가 크게 달라진다는 사실은 명백하다. 이제 제기되는 의문은 '어떤 해석이 더 진실되고 좋은 해석인가?' 하는 점이다. 우리 치료자들을 꿈의 의미에 대한 해석으로 인도하는 건 결국 단순한 이론적 흥미가 아닌 실용적 필요성이다. 환자들을 치료하면서 우리는 실용적 이유로 인해 그들을 효과적으로 다룰 수 있게 해주는 수단들을 손에 넣으려 노력해야 한다. 앞 사례를 통해, 꿈과 연관된 연상 자료가 젊은 환자가 지금까지 간과해온 많은 문제들을 드러내주었다는 사실이 명백해졌을 것이다. 이 환자는 그런 문제들을 무시함으로써 자기 자신 안에 있는 중요한 무언가를 간과해왔다. 그 역시 다른 사람들과 마찬가지로 도덕적 필요와 기준 등을 보유하고 있을 것이기 때문이다. 이 사실을 완전히 무시한 채 살아가려고 한 결과, 그의 삶은 일방적이고 불완전한 것, 말하자면 조화롭지 못한 것이 되어버렸다. 일방적이고 불완전한 식이 섭취가 신체에 미치는 것과 비슷한 종류의 해악을 정신에 입게 된 것이다. 한 개인의 개성과 독립성을 최고조로 발달시키려면 우리는 이미 보유하고 있음에도 의식적 발달 과정을 거의 또는 전혀 거치지 못한 모든 가능성을 꽃피우게 할 필요가 있다. 이 목적을 성취하려면 우리는 꿈의 자료를 통해 드러난 모든 무의식적 측면에 적극 참여해야 한다. 이는 합목적론적 관점이 개인의 현실적 성장을 돕는 중요한 기능을 한다는 점을 더없이 명백하게 밝혀준다.

엄격한 인과 관계를 중시하는 인과론적 관점은 분명 우리 시대의 과학적 정신과 더 잘 부합한다. 프로이트의 관점 중 많은 부분을 꿈 심리학에 대한 과학적 설명으로 간주할 수도 있을 것이다. 하지만 나로서는 인과론적 관점의 완결성을 부인할 수밖에 없다. 정신은 단순한 인과론적 관점만으로 설명될 수 없으며, 합목적론적 관점 또한 필요로 하기 때문이다. 오직 이 두 관점의 종합—실용적, 이론적 어려움 때문에 과학적인 사람들을 만족시킬 정도의 결실을 아직 맺지 못한—만이 꿈의 본질에 대한 보다 완전한 이론을 우리에게 제공할 수 있을 것이다.

꿈의 일반 이론과 연관된 꿈 심리학의 문제에 대해 간략하게 몇 가지만 더 언급하고자 한다. 먼저, 꿈의 분류에 대해 말하자면 나는 이 문제의 실용적, 이론적 중요성을 과대평가하고 싶지 않다. 나는 매년 약 1,500개에서 2,000개 정도의 꿈을 해석하는데, 이 경험을 토대로 전형적인 꿈이 실제로 존재한다고 말할 수 있게 되었다. 하지만 그런 꿈은 자주 나타나는 것이 아니며, 합목적론적 관점에서 보면 인과론적 해석이 부여한 고정된 상징적 중요성이 크게 감소한다. 내게는 꿈의 전형적 '주제'가 훨씬 중요해 보인다. 그런 주제는 신화적 주제들과 비교될 수 있기 때문이다. 이 신화적 주제의 상당수는 꿈속에서도 발견되며, 완전히 같은 의미를 나타내는 경우도 자주 있다. 안타깝게도 내게 주어진 제한 시간 때문에 세부적인 자료를 제시하지는 못할 것 같다. 나는 이 작업을 다른 곳에서 수행한 바 있다.[42] 하지만 나는 꿈의 전형적 주제들을 신화의 주제와 비교하는 작업이, 계통 발생적 관점에서 꿈 사고를 더 오래된 형태의 사고방식으로 간주하는 이론(이미 니체가 제시한 바 있는)을 지지하도록 해준다는 점을 강조하고 싶다. 의미 전달을 위해 사례를 더 드는 대신 앞서 인용한 꿈을 간략히 상기하고자 한다. 여러분도 알다시피 그 꿈은 사과를 따먹는 장면을 성애적 죄의 전형적 표현으로 등장시켰다. 이 장면의 주된 목적은 "나는 잘못을 범하고 있다"는 느낌을 불러일으키는 것이다. 하지만 꿈은 항상 그 의미를 논리적이고 추상적인 방식이 아닌, 우화적이고 비유적인 언어를 통해서만 표현한다. 이런 꿈의 특이성은 그 화려한 어법으로 우리를 어리둥절하게 하는 원시 언어의 주된 특징이기도 하다. 고대의 문헌, 예컨대 성서에 나타난 비유적 언어를 떠올려보면, 오늘날 추상적 표현을 통해 표현되는 내용이 당시에는 오직 비유를 통해서만 표현될 수 있었다는 사실을 발견하게 된다. 플라톤 같은 철학자조차 일부 근원적 관념을 비유의 언어로 표현하는 것을 주저하지 않았다.

---

42 Jung, *Psychology of the Unconscious* 참조; 융, 『리비도의 변환과 상징』.

몸이 계통 발생적 발달의 흔적을 간직하고 있듯, 인간의 마음 역시 마찬가지이다. 따라서 꿈이 고태적 사고 방식의 잔존물이라는 비유적 가설에 놀랄 필요는 조금도 없다.

우리 사례에 나타난 사과 도둑 모티브는 다양하게 변형되면서 되풀이되는 꿈의 전형적인 주제 중 하나이다. 이 모티브는 신화학의 잘 알려진 주제로, 에덴동산 이야기에서뿐만 아니라 모든 시대와 지역에 걸친 수많은 신화와 우화에서도 발견된다. 이 모티브는 모든 시대의 모든 구성원에게 되풀이될 수 있는 인간의 보편적 상징 중 하나이다. 이와 같이 꿈 심리학은 일반적인 비교심리학(comparative psychology)으로의 길을 열어젖힌다. 우리는 비교해부학이 인간 몸의 발달 및 구조에 대해 알려주었듯이 이 비교심리학이 같은 종류의 이해를 가능하게 해주리라 기대해도 좋을 것이다.

무의식의 병리학[43]

무언가를 '무의식적'이라고 말할 때, 우리는 뇌 기능과 연관된 두 종류의 무의식이 있다는 점을 잊지 말아야 한다. 생리적인 무의식과 심리적인 무의식이 그것이다. 하지만 나는 이 무의식이란 주제를 오직 심리적인 관점에서만 다룰 생각이다. 이런 목적에 따라 무의식을 정의하자면 무의식을 '의식적으로 지각되지 않은 심리적 사건들의 총체'라고 정의할 수 있을 것이다.

무의식은 활동을 위해 필요한 강도가 결여되어 있어 의식과 무의식 간의 경계를 넘지 못하는 모든 심리적 사건을 포함한다. 따라서 그 내용물은 사실상 의식의 표면 아래에 남게 되며, 잠재의식적 심상의 형태로 이리저리 가볍게 돌아다닌다.

---

43 1914년 애버딘에서 열린 신경학 및 심리 의학 학회에 제출된 논문.

라이프니츠(Gottfried Leibniz)의 시대 이후로 심리학자들은 의식의 요소들, 즉 의식적 마음을 구성하는 관념과 느낌이 훨씬 단순하고 완전히 무의식적인 요소들 위에 얹혀 있는 복잡한 성질의 실체라는 점을 인식해왔다. 무의식적 요소가 있어야 의식적 요소들도 일어날 수 있는 것이다. 또한, 라이프니츠는 **의식할 수 없는 지각들**에 대해서 언급한 바 있다. 칸트가 '그림자 같은' 표상이라 부른 이 모호한 지각들은 오직 간접적인 경로를 통해서만 의식에 도달할 수 있다. 훗날의 철학자들은 무의식을 의식이 세워지는 기반으로 간주하고는 무의식에 1차적인 지위를 부여한 바 있다.

하지만 여기는 수많은 추상적 이론을 다루는 자리도, 무의식의 본성 및 특성에 관한 무수한 철학적 쟁점을 다루는 자리도 아니다. 우리는 이미 제시한 정의만으로 만족해야 한다. 우리의 목적을 위해서는 무의식을 '의식의 역치 아래에 있는 모든 심리 과정의 총체'로 간주하는 이론적 정의만으로 충분하다.

정신병리학에서 무의식이 차지하는 중요성이란 문제는 간략히 다음과 같이 제기될 수 있다. "정신증과 신경증의 사례들에서 무의식적 정신 자료가 영향력을 행사하는 모습을 우리는 어떻게 식별해낼 수 있는가?"

정신장애와 연관된 이 상황을 더 잘 이해하려면, 무의식적 정신 자료들이 정상적인 사람에게 어떤 식으로 영향력을 행사하는지부터 알아보는 것—특히 일반인에게 무의식적으로 되기 쉬운 것이 무엇인지 떠올리려고 노력하면서—이 도움이 될 것이다. 그 예비 작업으로, 먼저 의식적 마음에 포함된 모든 것을 완벽히 이해할 필요가 있다. 그런 뒤 제거의 절차를 통해(per exclusionem, 제외 진단) 무의식에 포함된 것이 무엇인지 찾아내려 노력해야 한다. 우리의 정의상 의식에 있는 것은 무의식에 있을 수 없기 때문이다. 이를 위해 우리는 당사자 자신에게 의식적인 모든 활동과 관심사, 열정, 걱정거리, 만족하는 대상 등을 조사해야 한다. 이 과정에서 발견할 수 있는 모든 것은 **발견했다는 바로 그 사실로 인해** 무의식의 내용으로 간주될 수 없다. 따라서 이제 우리는 의식에서 찾아낼 수 없었던 내용, 즉 오직 무의식에만 포함된 내용을 발견하게 되리라 기대할 수 있다.

구체적인 예를 들어보기로 하자. 여기 행복하게 결혼하여 두 아이를 둔 상인이 있다. 그는 자기 사업에 철저하고 근면하며, 자신의 사회적 지위를 상승시키기 위해 합리적으로 노력하는 인물이다. 자기 자신을 존중하고, 종교적 이해가 밝으며, 자유사상을 토론하는 모임에도 참여하고 있다.

이런 사람의 무의식에는 과연 어떤 내용이 들어 있을까? 이론적 관점에서 보면 의식에 포함되어 있지 않은 모든 인격 요소를 무의식에서 발견하게 되리라 기대할 수 있을 것이다. 그런데 이 남자는 의식적으로 우리가 방금 묘사한 모든 훌륭한 특질을 지녔다고 생각하고 있으므로(그렇다고 가정해보기로 하자), 자신에게 근면하고 철저하고 성실한 성향뿐만 아니라, 부주의하고 무관심하고 믿을 수 없는 성향 역시 있다는 점을 조금도 의식하지 못할 것이다. 하지만 이런 부정적 특질은 인류의 공통된 유산으로 모든 인격 속에서 발견될 수 있다.

이 훌륭한 상인은 자신이 아주 최근 쉽게 답을 할 수 있던 여러 통의 편지에 답장을 보내지 않았다는 사실을 기억하지 못한다. 또한, 서점에 주문해놓은 책을 가져다 달라는 아내의 부탁마저 —부탁을 간단히 메모해둘 수 있었음에도— 도 잊어버렸다. 그에게는 이런 일이 거의 일상적이다. 따라서 우리는 그가 나태하고 믿음직스럽지 못하기도 하다는 결론을 내릴 수밖에 없다. 그는 자신이 성실한 납세자라고 확신하고 있다. 하지만 세관원에게 자신의 수입 전부를 신고하지 않았고, 나라에서 세금을 올리자 사회주의자들에게 표를 던졌다. 그는 자신에게 독자적으로 생각할 능력이 있다고 믿고 있지만, 얼마 전 증권거래소에서 큰 거래를 하다가 그날이 13일의 금요일이란 사실을 알고는 상당한 불안감에 휩싸였다. 따라서 우리는 그의 사고방식이 미신에서 자유롭지 못하기도 하다는 결론을 내릴 수밖에 없다.

여기서 보상적인 악덕이 무의식의 본질적 내용으로 드러난 것에 놀랄 사람은 아무도 없을 것이다. 따라서 분명 그 반대되는 가설, 즉 무의식적 미덕이 의식의 결함을 보상한다는 가설 역시 진실일 것이다. 이런 연역에서 파생되는 법칙은 매우 단순한 형태를 취한다. '의식적인 낭비자는 무의식적인 구두쇠이다', '의식적인 박애주의자는 무의식적인 이기주의자이거나 인간 혐오자이다' 등이 그것이다. 이 단순한 규칙에 어떤 진실이 섞여 있다는 건 분명한 사실이다. 안타깝게도 문제는 그렇게 간단하지 않다. 이 간단한 보상 규칙을 무너뜨리는 본질적인 유전적 기질이 개인마다 다양한 형태로 발현되거나 잠재되어 있기 때문이다. 예컨대 한 개인은 완전히 다른 동기에 의해 박애주의자가 될 수 있다. 그의 박애주의는 물려받은 기질에 전적으로 의존하며, 박애주의에 대한 보상 작용은 그의 동기에 따라 달라진다. 따라서 어떤 사람이 의식적인 박애주의자라고 해서 그를 무의식적 이기주의자로 단정지어서는 안 된다. 연관된 동기에 대해서도 세심하게 연구해봐야 하기 때문이다.

정상적인 사람들의 경우, 무의식의 근본적인 기능은 보상 작용을 행사하여 하나의 균형 상태를 만들어내는 것이다. 의식의 모든 극단적인 경향성은 무의식에서 일어나는 반대 충동에 의해 완화되고 누그러진다. 이 보상 기능은 내가 상인의 사례를 통해 보여주고자 한 것처럼 무의식적이고 불합리한 행동을 통해 그 자신을 유지해나가는데, 프로이트는 이런 행동을 **증상 행동**(Symptom-handlungen)이라고 훌륭히 묘사한 바 있다.

우리는 꿈의 중요성에 대해 관심을 환기해준 프로이트에게 빚을 지고 있다. 꿈을 통해 이 보상 기능에 대해 더 많은 것을 배울 수 있었기 때문이다. 「다니엘서」 네 번째 장에 나오는 네부카드네자르(Nebuchadnezzar)의 유명한 꿈은 이에 대한 훌륭한 역사적 사례라 할 수 있다. 바빌론의 왕 네부카드네자르는 권력의 정점에서 자신의 추락을 예견하는 꿈을 꾸었는데, 꿈에는 가지가 하늘 꼭대기까지 자라나 이제 가지를 쳐내야만 하는 거대한 나무가 하나 등장한다. 이는 절대 권력의 과장된 느낌을 보상해주는 꿈이 분명하다.

이제 앞의 내용을 토대로 정신적 균형이 무너진 사례들을 고려해보면 정신병리학에서 무의식이 차지하는 중요성을 쉽게 이해할 수 있다. 그럼 먼저 비정상적인 정신 조건에서 무의식이 어떤 방식으로 나타나는지부터 고려해보기로 하자. 무의식이 작용하는 방식은 히스테리나 강박 신경증 등과 같은 심인성 장애에서 가장 분명하게 관찰해볼 수 있을 것이다.

우리는 이런 신경증 질환의 특정한 증상이 무의식에서 일어나는 정신적 사건에 의해 형성된다는 점을 오래전부터 알고 있었다. 반면, 심각한 정신질환자의 무의식이 발현되는 모습은 그 명료함에도 불구하고 제대로 인식하지 못해왔다. 그렇지만 정상적인 사람의 직관적 아이디어가 의식적 마음의 논리적 조합에서 솟아날 수 없는 것처럼, 정신질환자의 환각과 망상 역시 의식이 아닌 무의식 과정의 산물이다.

정신의학에 대한 유물론적인 관점을 견지하던 당시, 우리는 모든 환각과 망상, 무의미한 행동 등이 뇌세포의 병적 활동을 통해 촉발된다고 믿었다. 하지만 그런 이론은 특정한 기능장애를 지닌 사람뿐만 아니라, 정상적인 사람에게서도 환각이나 망상 등이 발견된다는 사실을 완전히 무시한다. 예컨대 원시적인 사람들은 정신 과정에 아무런 문제도 일으키지 않고도 시각적 환상을 보고 이상한 목소리를 들을 수 있다. 따라서 그런 증상의 원인을 뇌세포의 이상 탓으로 돌리려는 태도는 내게 피상적이고 부당한 것으로밖에는 안 느껴진다. 환각이란 이 현상은 무의식 내용의 일부가 그 자신을 의식의 역치 위로 밀어올리는 방식을 매우 명료하게 드러내주기 때문이다. 이는 외관상 기괴해 보이는 망상의 경우에도 마찬가지이다.

'정신적 균형'이란 표현은 단순한 수사어구에 불과한 것이 아니다. 정신적 균형이 붕괴된다는 건 의식과 무의식 사이에 실제로—지금까지 인식되고 이해된 것보다 훨씬—존재하는 평정 상태가 정말로 와해된다는 것을 의미하기 때문이다. 이 정신적 균형이 붕괴되면, 무의식 과정의 정상적 기능이 비정상적인 방식으로 의식을 뚫고 들어오게 된다. 그리고 이 같은 무의식의 범람은 환경에 대한 개인의 적응 능력을 크게 손상시켜 놓는다.

만일 여러분이 환자들의 개인사를 주의 깊게 연구해본다면, 그들이 상당한 기간 독특한 고립 상태에서 실제 현실과 담을 쌓은 채로 살아왔다는 점을 자주 발견하게 될 것이다. 이 위축된 무관심 상태는 생의 초기에 모습을 드러내는 특이성으로까지 추적해 들어갈 수 있다. 예컨대 조발성 치매로 고통받는 환자들의 개인사를 듣다 보면 우리는 이런 말을 흔히 듣게 된다. "그는 항상 생각에 잠긴 채 자기 자신 속에만 갇혀 있었어요. 어머니가 죽은 뒤부터 그는 친구들과 지인들을 피하면서 자기 자신을 세상에서 더욱더 차단시켰지요." 이런 말도 듣는다. "그는 어릴 적부터 이상한 발명품들을 많이 만들어냈어요. 훗날 공학자가 되어서는 야심에 찬 계획들에 사로잡혔지요."

이 문제를 더 논의하지 않더라도 의식적 태도의 일방성을 보상하기 위해 무의식이 반작용을 일으킬 것이라는 점을 예상해볼 수 있을 것이다. 일단, 첫 번째 사례에서는 어머니, 친구, 친지 등과 인간적 교류를 맺고자 하는 무의식적 소망의 압력이 증대될 것이라고 예측할 수 있고, 두 번째 사례에서는 치우친 균형을 바로잡기 위해 자기비판 기능이 영향력을 행사하기 시작할 것이란 점을 예측할 수 있을 것이다. 정상적인 사람의 경우에는 무의식의 자연스러운 교정 기능이 일상에서 완전히 무시될 정도로 정신의 균형이 상실되지는 않는다. 하지만 비정상적인 사람들은 무의식에서 일어나는 보상 작용을 인식해내는 데 완전히 실패할 뿐만 아니라, 자신의 일방적 태도를 계속해서 강조하기까지 한다. 병적인 인물들의 이 같은 태도는 혼혈인이 흑인을 가장 경멸하고, 개종한 사람이 가장 광신적이라는 널리 알려진 심리학적 사실과도 잘 일치한다. 내적으로 옳다고 인정할 수밖에 없는 것을 밖에서 찾아 공격하는 자들이 바로 광신자 아니던가? 이와 마찬가지로 정신적 균형을 잃어버린 사람들 역시 자기 자신의 무의식에서 스스로를 보호하려고 노력한다. 즉 그는 그 자신의 보상적 기능에 맞서 싸운다. 이미 고립 속에 머무는 사람은 현실 세계에서 더욱 멀어지려 노력하고, 야심찬 공학자는 자기비판이라는 그 자신의 보상 기능을 무효화하기 위해 끊임 없이 자신의 발명을 병적으로 과장해댄다. 이 같은 태도는 일종의 흥분 상태를 조성해내며, 이 흥분 상태는 다시 의식적 태도와 무의식적 태도 간의 엄청난 부조화를 불러일으킨다. 대극의 쌍은 둘로 쪼개어지고, 잇따른 분열과 갈등은 재앙으로 이어진다. 무의식이 의식을 향해 폭력적으로 침입해 들어오기 시작하기 때문이다. 이렇게 되면 기괴하고 이상한 생각과 기분이 일어나기 시작하고, 때로는 내적 갈등의 흔적을 지닌 초기 단계의 환각 증세가 나타나기도 한다.

이론적으로 말하자면 의식적 마음으로 침투해 들어오는 교정을 향한 이 충동, 즉 보상 기능은 치료 과정의 시작이라 할 수 있다. 어쨌든 이 기능을 통해 고립되어 있던 이전의 상태가 경감되기 때문이다. 하지만 현실은 그렇지 못하다. 무의식의 교정 충동이 절대 수용할 수 없는 형태로 의식을 향해 뚫고 들어와 자신을 내세우기 때문이다.

고립된 개인은 그에게 살인을 비롯한 온갖 종류의 죄를 뒤집어씌우는 이상한 목소리를 듣기 시작한다. 이 목소리들은 그를 좌절로 몰아가고, 여기서 비롯된 불안감은 환자로 하여금 주변의 망상적 **환경**과 접촉을 시도하도록, 즉 전에는 극도로 회피했던 바로 그 행동을 하도록 몰아붙인다. 이로써 보상은 완료가 되지만 환자는 도리어 피해만 입게 된다.

한편, 실패한 발명들에서 교훈을 얻지 못하는 병적인 발명가는 자기비판의 가치를 인정하길 거부하면서 더욱더 터무니없는 발명품의 창안자로 변해간다. 그는 불가능한 일을 달성해내려 하다가 엉뚱한 곳으로 굴러떨어지고 만다. 얼마 후 그는 사람들이 뒤에서 수군거리고, 불쾌한 언급을 쏟아놓고, 심지어 자신을 비웃기까지 한다는 사실을 알아차린다. 그래서 그는 자신의 발명을 좌절시켜 웃음거리로 만들려는 광대한 음모가 존재한다고 믿기 시작한다. 이런 수단을 통해 그의 무의식은 그의 자기비판이 달성해야 했던 것과 거의 같은 목적을 이뤄내게 된다. 하지만 여기서도 보상 기능은 환자에게 아무런 도움도 주지 못한다. 비판 기능이 주변 환경으로 투사되어버렸기 때문이다.

무의식적 보상의 전형적인 형태는, 예를 좀 더 들자면 알코올 중독자의 편집증에서 찾아볼 수 있다. 한 알코올 중독자가 아내에 대한 사랑을 잃어버린다고 해보자. 무의식의 보상 기능은 그를 다시 사랑의 의무로 불러들이려 하지만 오직 부분적인 성공만을 거둔다. 즉 무의식은 그로 하여금 아내를 향해—마치 그가 여전히 아내를 사랑하는 것처럼—질투심을 품게 만든다. 잘 알다시피, 그는 질투심에 휩싸여 아내와 자기 자신을 죽이는 데까지 나아갈 수도 있다. 말하자면 아내를 향한 그의 사랑이 완전히 없어지는 대신, 잠재의식적인 것으로 변해버린 것이다. 하지만 무의식 영역으로 가라앉은 이 사랑은 이제 오직 질투의 형태로만 모습을 드러낼 수 있다.

우리는 개종한 사람에게서도 이와 비슷한 사례를 찾아볼 수 있다. 잘 알려져 있다시피 개신교에서 천주교로 개종한 사람들은 다소 광신적인 태도를 취하는 경향이 있다. 개신교도의 정체성이 완전히 포기되지 않고 무의식 속으로 가라앉아버렸기 때문이다. 이 정체성은 무의식 속에서 계속 작용하면서 새로 획득한 천주교도의 정체성에 끊임없이 이의를 제기한다. 따라서 이 개종자는 자신이 채택한 새로운 신념을 다소 광신적인 방식으로라도 옹호해야 한다고 느끼게 된다. 편집증 환자의 경우에도 마찬가지이다. 편집증 환자가 외부의 모든 비판에 맞서 자기 자신을 보호해야 한다고 느끼는 건 그의 망상적 의식 체계가 내면에서 끊임없이 비판당하기 때문이다.

보상적 기능이 이처럼 기묘한 방식으로 침투해 들어오는 이유는 무엇보다 먼저 의식에 이미 존재하는 저항에 맞서 싸워야 하기 때문이다. 저항을 뚫기 위해 분투하느라 그 형태가 철저히 뒤틀려버리는 것이다. 또 다른 이유는 이 보상적 영향력이 그 자신을 표현하기 위해 사용할 수 있는 수단이 무의식의 언어—이질적이고 잠재의식적인 자료들—밖에 없기 때문이다. 망각된 유년기 기억이나 환상적 창조물처럼 더 이상 가치가 없거나 적절히 활용될 수 없는 의식의 모든 자료는 잠재의식으로 가라앉아 인간의 머릿속에 가끔씩 떠오르게 되는데, 이것들은 오직 신화나 전설 등의 형태로만 오래도록 보존될 수 있다. 이런 자료들은 조발성 치매 환자에게서 특히 자주 발견되지만 여기서 그 이유에 대해 언급하는 건 적절치 못할 듯하다.

이 불완전하고 짧은 기고문이 병리학 영역에서 무의식이 차지하는 중요성을 조금이나마 전달했기를 바란다. 이토록 짧은 글을 통해 이 영역에서 이미 수행된 모든 작업에 대해 설명하는 건 불가능할 것이다.

요약하자면 정신질환이란 조건 속에 놓인 무의식은 본질적으로 의식적 마음의 내용을 보상하는 기능을 수행해낸다. 하지만 모든 병리적 상황에 수반되는 의식의 고질적 일방성으로 인해 무의식의 보상적 교정 기능은 무익한 것으로 변해버리고 만다. 그렇지만 이 무의식적 경향성이 의식적 마음을 향해 뚫고 들어오는 것을 막을 수는 없다. 무의식은 의식의 일방성에 그 자신을 적응시키는 과정에서 왜곡되고 수용 불가능한 형태로 뒤틀려버리지만 어쨌든 의식 속으로 뚫고 들어와 그 자신의 특성들을 표출해낸다.